10,000 lettres d'impression pour **1** centime.

BIBLIOTHÈQUE POUR TOUS
ILLUSTRÉE
ROMANS, HISTOIRE, VOYAGES, LITTÉRATURE, SCIENCES, ETC.
CHAQUE OUVRAGE COMPLET : **50** CENTIMES.

LES

FRANÇAIS EN ITALIE

Histoire des interventions françaises en Italie depuis Pepin le bref jusqu'à nos jours

721—1849

PAR ROBERT HYENNE

Prix : 50 centimes.
60 CENTIMES POUR LES DÉPARTEMENTS ET L'ÉTRANGER.

LIBRAIRIE MODERNE
BOULEVARD DE SÉBASTOPOL (RIVE GAUCHE) ET RUE DE LA HARPE
GUSTAVE HAVARD, ÉDITEUR.

BIBLIOTHÈQUE POUR TOUS

ILLUSTRÉE

ROMANS, HISTOIRE, VOYAGES, LITTÉRATURE, SCIENCES, ETC.

CHAQUE OUVRAGE COMPLET : 50 CENTIMES.

LES

FRANÇAIS EN ITALIE

Histoire des interventions françaises en Italie depuis Pépin le bref jusqu'à nos jours

754—1849

PAR ROBERT HYENNE

Prix : 50 centimes.

ON VEND CHEZ LES DÉPOSITAIRES ET L'ÉTRANGER.

LIBRAIRIE MODERNE

19, BOULEVARD DE SÉBASTOPOL (rive gauche) ET RUE DE LA HARPE

GUSTAVE BAYARD, ÉDITEUR.

PARIS. — GUSTAVE HAVARD, BOULEVARD DE SÉBASTOPOL (RIVE GAUCHE). — 1858.

BIBLIOTHÈQUE DE LA GUERRE

LES FRANÇAIS EN ITALIE

PAR ROBERT HYENNE

Réjouis-toi, Italie... Essuie tes larmes, ô Vierge très-belle, et rejette tes vêtements de deuil, car il approche celui qui te délivrera de l'esclavage des méchants!

DANTE. (*Lettre écrite en 1810*).

PREMIÈRE PARTIE.

—

LA FRANCE ET L'ITALIE SOUS LES CAROLINGIENS[1].

—

I.

La France, sœur aînée de l'Italie. — Rome, les Lombards et le *briseur d'images*. — Les papes appellent nos rois à leur secours. — Peppin de Landen et Karle Martel. — Origine de la puissance temporelle des papes.

De tous les pays dont les enfants composent la grande famille européenne, famille, hélas ! si divisée d'intérêts et

1. Pour tout ce qui concerne les étymologies et l'orthographe des noms, nous avons suivi scrupuleusement les données d'Henri Martin, qui se recommande par ses patientes et savantes recherches.

de sympathies, il en est un vers lequel plus volontiers se sont tournés de tout temps les regards de la France : ce pays, que les plus grands poètes ont chanté tour à tour, qui semble la terre promise des arts et le berceau du génie, dont la richesse comme sol n'est comparable qu'à la luxuriante beauté de son climat et de son ciel, c'est l'Italie.

Au moment où des événements de la plus haute importance s'accomplissent au delà des Alpes, au moment où les armées françaises, fidèles aux souvenirs qu'y ont laissés nos pères, vont tenter de régénérer ce pays, en le délivrant du joug qui, depuis tant d'années, pèse sur lui à l'écraser, n'est-il pas intéressant de remonter le cours des siècles et d'interroger l'histoire sur les rapports antérieurs des deux nations?

Ce n'est pas d'aujourd'hui que la France et l'Italie, ces deux sœurs chrétiennes, se trouvent côte à côte sur un champ de bataille. Nous n'avons qu'à ouvrir le commencement de nos annales, et nous verrons la France, toujours compatissante aux maux des autres nations, toujours prête à encourager leurs efforts, à les aider dans la lutte, tendre une main secourable à l'Italie souffrante. Les rôles sont aujourd'hui les mêmes qu'il y a douze siècles : si les Italiens sont las de souffrir, les Français ne sauraient l'être de protéger.

Voici maintenant ce que nous nous proposons de faire dans le cours de cet ouvrage : écrire, non pas une histoire générale de l'Italie, mais un résumé fidèle des événements qui, dans cette histoire, intéressent plus particulièrement la France, retracer les grandes luttes auxquelles elle a pris part, étudier sa politique traditionnelle à l'égard des Italiens, rechercher enfin tout ce qui peut nous aider à mieux comprendre la situation actuelle et à en prévoir la solution.

Les premiers rapports de la France et de l'Italie remontent, ainsi que nous l'avons dit, au commencement de la monarchie française. Comment les Franks furent-ils amenés à s'immiscer dans les affaires de ce pays? C'est ce que nous allons voir tout d'abord par un rapide examen de la situation à cette époque.

Tandis que les Franks, sous les rois de la première race, grandissaient en puissance et en civilisation, l'Italie, arrivée à son apogée sous ses premiers empereurs, était en pleine décadence. Différentes causes avaient contribué à cet affaissement et devaient amener la chute définitive de l'empire d'Auguste : le despotisme de ses successeurs, la création des préfets du prétoire, qui jouèrent un rôle analogue à celui des maires du palais sous les rois fainéants, la division du pouvoir sous Dioclétien, première atteinte portée à l'unité de l'empire, le débordement général des mœurs et la corruption, qui, des marches du trône, avait gagné et gangrené le masses, enfin l'établissement même de la religion chrétienne.

Le jour où Constantin, transportant en Thrace le siège de son gouvernement, donna, dans Constantinople, une rivale à Rome, on put déjà prévoir ce qui arriverait plus tard : il était impossible qu'un nouveau pouvoir ne se formât pas dans cette ville, supérieure en grandeur et en gloire à toutes les cités d'alors.

Les chrétiens, par le fait de la conversion de Constantin et de la protection qu'il leur accordait, avaient acquis déjà une certaine puissance : chaque jour voyait encore grossir leurs rangs par la conversion des hommes que leur intérêt engageait à déserter le culte païen pour embrasser le christianisme. Peu à peu les adeptes, en Occident, de cette nouvelle religion, s'organisèrent, et, imitant en cela les chrétiens d'Orient, établirent une hiérarchie de diacres, de prêtres et d'évêques, pour administrer les sacrements, gouverner spirituellement les fidèles, et en même temps défendre leurs intérêts. Tout naturellement l'évêque de Rome eut une certaine suprématie sur les autres évêques, tant à cause de l'importance de la ville en elle-même, que par suite de la tradition bien connue, qui en faisait le lieu des travaux et du martyre de saint Pierre, le chef des apôtres.

Les évêques d'abord s'occupèrent exclusivement des affaires de la religion; mais, peu à peu, le crédit qu'ils obtinrent auprès de l'empereur, les talents dont ils firent preuve en mainte occasion, l'influence qu'ils exerçaient sur le peuple, amenèrent Constantin à leur confier des missions et à leur conférer des charges dont le caractère était bien plutôt politique que religieux.

La mort de ce prince ne fit qu'accroître leur puissance, en même temps qu'elle fut une nouvelle cause de décadence pour l'empire. Le gouvernement, d'après les volontés mêmes de l'empereur, fut partagé entre ses trois fils, Constantin, Constance et Constant, et la religion chrétienne élevée au rang de religion de l'État.

A partir de ce moment, la situation de l'Italie ne fait qu'empirer. Constantin, trop ambitieux pour partager longtemps le pouvoir, se défit bientôt de ses deux frères, et resta seul maître de l'empire. Son règne ne fut qu'une longue suite de désordres, d'actes de cruauté ou de faiblesse, qui ne pouvaient avoir et n'eurent en effet que de fâcheuses conséquences.

Signalons en passant la première apparition des barbares, qui, appelés en Italie par Constance, lui furent de puissants auxiliaires dans ses luttes contre ses frères et ses compétiteurs. Nous les voyons dès lors émigrer en foule du fond de leurs provinces, abandonner les rigoureuses et ingrates régions du Nord pour les terres fertiles et attrayantes dont ils ont eu comme un avant-goût, et s'implanter définitivement sur le sol italien.

Le mouvement qui se produit alors en Europe est extraordinaire. Le monde est pour ainsi dire en travail. Des peuples inconnus surgissent tout à coup et passent, pour faire place à de nouveaux envahisseurs : Huns, Vandales,

Ostrogoths, Visigoths, quittent les premiers leurs pays respectifs, les bords de la mer Caspienne, la Pologne et l'Allemagne, et semblent donner le signal de l'ébranlement général; leur exemple est imité bientôt par d'autres peuples non moins barbares, tels que les Hérules et les Thuringiens, issus du centre de l'Allemagne, les Franks, dont le nom même indique comme berceau la terre de Franconie, enfin les Bourguignons et les Langobards (Lombards). Ces derniers, dont nous nous occuperons plus particulièrement d'abord, après s'être établis sur les rives du Danube, effectuèrent une nouvelle émigration vers l'Italie, y fondèrent un royaume considérable, et donnèrent leur nom à toute la partie qui s'étend entre la rive gauche du Pô et les Alpes jusqu'à la mer Adriatique.

Nous n'entreprendrons pas de suivre pas à pas les événements qui se succédèrent depuis l'avènement de Constance à l'empire, jusqu'à l'envahissement de l'Italie par les Lombards; le long règne de Théodoric lui-même n'a rien qui nous intéresse; quant aux horreurs de celui d'Alboin et de ses successeurs, elles sont trop connues pour que nous ayons à les décrire ici. Ce que nous allons aborder, c'est l'histoire des premiers faits qui motivèrent l'intervention des Franks en Italie.

Au moment même où les Lombards s'introduisaient violemment sur ce sol si mal défendu par ses légitimes possesseurs, les pontifes romains, quittant leur rôle exclusivement religieux, commençaient tout doucement à s'immiscer dans les transactions politiques de l'époque. Consacrant d'abord toute leur puissance à patronner les habitants de Rome, qui n'avaient plus d'autre recours dans leurs besoins, ils en arrivèrent à être considérés comme chefs des Romains, et à prendre part, dans les querelles des Lombards et des Grecs, tantôt pour l'un, tantôt pour l'autre de ces deux partis. Cette manière d'agir eut pour conséquence d'appeler sur eux l'attention des Lombards, qui avaient placé le siège de leur gouvernement à Ravenne et qui n'eussent pas mieux demandé que de s'adjoindre étroitement le territoire de Rome.

Trop faibles pour lutter à eux seuls contre de pareils adversaires, et ne pouvant appeler à leur aide les empereurs grecs qui avaient la même manière de voir que les Lombards, les papes crurent trouver un appui en dehors de la péninsule, et tournèrent leurs regards vers des souverains étrangers.

A l'époque où nous sommes arrivés, les Franks, solidement établis, depuis un certain temps déjà, dans la Gaule, étaient gouvernés par un homme d'une haute intelligence, qui, sans avoir le titre de roi, en exerçait de fait toute la puissance. Cet homme s'appelait Peppin et datait ses chartes de Héristall ou de Landen; aussi l'histoire, pour le distinguer de plusieurs de ses successeurs qui portèrent le même nom, applique-t-elle ordinairement l'une ou l'autre de ces dénominations.

Sous le titre modeste de maire du palais, Peppin de Héristall était en réalité le chef militaire et le grand juge de la nation franke; le roi fainéant Théoderik, qui mourut en 691, représentait tout simplement un « monarque en effigie [1] » et laissait au maire du Palais le soin de gouverner son peuple.

La longue administration de Peppin ne fut signalée par aucun événement concernant l'Italie; nous ne l'avons nommé que parce qu'il fut le père de Charles-Martel (Karle), qui, le premier, joua un rôle dans les affaires de la péninsule.

Quelque brillant qu'il fût d'ailleurs, le commencement du règne de Karle ne faisait aucunement présager les rapports qui devaient s'établir un peu plus tard entre lui et la cour de Rome. L'invasion des biens d'église ne l'avait nullement mis en odeur de sainteté auprès des évêques et des clercs de l'Église gallicane. Tous voyaient avec peine les revenus employés à payer des gens de guerre, les évêchés donnés en bénéfice aux acolytes du maire du palais, les terres et les villages diocésains partagés entre les leudes, enfin les demeures même du clergé, sans en excepter les palais épiscopaux, envahis par de farouches despotes qui ne reconnaissaient d'autre puissance que celle du sabre [2]. Bref, ce n'était dans toute l'Église gallicane, dit une chronique du temps, qu'un long cri de douleur et de malédiction contre le tyran austrasien [3].

Heureusement pour Karle, plus heureusement encore pour l'Église de Rome, le pape Grégoire II n'avait point pour le

1. H. Martin (Histoire de France).
2. H. Martin.
3. Adon. Chrono. — Chronic. episc. Autissiodor.

maire du palais les mêmes sentiments que le clergé français. Il en avait donné la preuve en recommandant au chef des Franks l'apôtre des Germains, saint Boniface (Winfred), au moment où celui-ci quitta l'Italie pour commencer son œuvre apostolique (719). L'empressement que mit Karle à entrer dans les vues du pontife, le désigna tout naturellement à Grégoire II, lorsque le besoin d'un secours puissant et d'une efficace protection se fit sentir pour l'Église romaine.

Jusque-là, l'occupation de l'Italie par les Lombards n'avait guère eu d'autres conséquences que d'amener une suite assez confuse et fort peu intéressante de conflits entre les empereurs d'Orient, les exarques de Ravenne, les ducs de Bénévent et les rois Lombards. Les intérêts des chrétiens ne s'étaient pas trouvés en jeu : mais le moment arriva enfin, où une querelle religieuse allait changer cet état de choses et produire en Italie un bouleversement général.

Le trône de Constantinople était alors occupé par Léon l'Isaurien ; le siége épiscopal appartenait à Grégoire II ; Luitprand régnait sur les Lombards ; Karle Martel gouvernait les Franks.

Le pouvoir de Grégoire était encore tout politique ; mais il exerçait déjà sur les affaires politiques une influence assez grande, par la puissance que lui accordait l'opinion publique, pour que Grecs et Lombards cherchassent à se ménager son appui : on savait que la volonté des peuples se courberait devant son autorité, et qu'à un moment donné, son alliance pourrait faire pencher la balance en faveur du parti qui aurait su l'acquérir [1]. Quant à Grégoire, sa politique, qui fut toujours depuis celle de ses successeurs au moment consistait, en attendant que la possession d'une souveraineté temporelle vînt assurer l'indépendance et la durée de son empire spirituel, à trouver sa liberté dans l'antagonisme de deux maîtres.

L'équilibre qui résultait de cette politique fut troublé par les violences de Léon l'Isaurien, au sujet du culte des images. « La doctrine rigoureuse que les musulmans avaient empruntée au monothéisme juif, touchant le culte des images, s'était infiltrée parmi les chrétiens d'Orient ; les honneurs rendus aux statues et aux peintures qui représentaient le Christ, la Vierge et les saints dégénéraient en superstition, et cet abus causa une réaction fanatique et dévastatrice contre toutes les images produites par « l'art détestable de la peinture. » On s'arma pour détruire et défendre les images, et le pape de Rome se mit à la tête de ses défenseurs. L'Italie romaine brisa les statues du prince qui brisait les représentations de Jésus-Christ et des saints [2]. » Ainsi prit naissance la secte des *Iconoclastes*, ou des *briseurs d'images.*

L'occasion était trop bonne pour que le roi des Lombards la laissât échapper. Profitant des discordes qui régnaient entre l'empereur Léon l'Isaurien et le pape Grégoire, il tomba brusquement sur les deux partis, envahit la Toscane, saccagea les terres de l'Église romaine, s'empara de Ravenne et finit par menacer Rome.

Ne se sentant pas assez fort pour résister seul aux attaques imminentes des Lombards, Grégoire III chercha parmi les nations voisines un peuple assez puissant pour le secourir. Les récentes et nombreuses victoires des Franks motivèrent son choix. Ce fut au vainqueur des « Sarrasins, à l'illustre sous-roi des Franks [3] » qu'il s'adressa. Il lui écrivit une supplique, aussi adroite que flatteuse, dans laquelle, entre autres titres, on remarque celui de prince *très-chrétien* », que les rois de France se glorifièrent de conserver. « O roi très-chrétien, et très-chers enfants, disait le pape à Peppin et à ses fils, oyez-nous et secourez-nous ; considérez qu'après Dieu, notre vie et celle des Romains dépend de vous ; assistez-nous avant que le poignard des ennemis nous ouvre le cœur, ne tardez pas, de peur que les nations ne disent un jour : Où est la confiance que les Romains avaient mise aux princes et en la nation des Français [5]. » « Gardez-vous, disait encore Grégoire III dans cette supplique, d'ajouter foi aux propos artificieux des Lombards. Pour vous assurer de l'état des choses, envoyez ici quelque ministre fidèle qui voie de ses propres yeux les excès de la tyrannie sous laquelle nous gémissons, l'opprobre de l'Église, la spoliation des autels, les flots de larmes et de sang des citoyens et des pèlerins. »

Karle, malheureusement pour le pape, avait alors intérêt à ne pas se brouiller avec les Lombards. Luitprand, leur roi, lui avait été jusque-là un fidèle allié dans ses luttes contre les Provençaux et les Arabes, et jusqu'à ce qu'il eût achevé de dompter les uns et les autres, la prudence lui commandait de ménager le roi Lombard. Ce dernier, en fin politique, avait cru devoir resserrer l'alliance qui l'attachait au chef des Franks, et avait, en conséquence, adopté Peppin, second fils de Karle, « en lui coupant les cheveux : » c'était la formule d'adoption des peuples germaniques et celtiques [1].

Karle répondit à la demande du Saint-Père en lui renvoyant par ses légats des présents magnifiques, mais sans aucune promesse de secours armé. Une nouvelle tentative de la part de Grégoire III ne fut pas plus heureuse : Karle se contenta de représenter au roi Lombard qu'un prince chrétien ne pouvait, en honneur et en conscience, tourmenter le père commun des fidèles et s'emparer des biens de l'église. Luitprand, comme bien on pense, se montra sourd à ces remontrances dont il n'appuyait aucune démonstration menaçante [2]. « Grégoire III comprit alors qu'un grand intérêt politique déterminerait seul le chef des Franks à diriger ses forces vers l'Italie, et, de concert avec les principaux des Romains (*decreto Romanorum*), disent les *Annales de Metz*, il prit secrètement une résolution d'une portée incalculable. Dans le courant de l'année 741, il expédia coup sur coup deux ambassades en France, « avec des présents infinis », entre autres « les clefs de la confession de Saint-Pierre [3] », et des lettres où il implorait le secours de « son très-excellent fils le seigneur Karle ». Les lettres, qui ont été conservées, n'en disent pas davantage ; mais le troisième continuateur de Frédegher, écrivain contemporain, qui rédigea sa chronique par ordre de Hildebrand, frère de Karle, affirme que le pape offrit de « se retirer » de l'obéissance impériale et de « conférer le consulat romain au prince des Franks [4]. »

Cette promesse séduisit Karle. Ce fut avec « grande joie, » dit Henri Martin « d'après un chroniqueur, qu'il accueillit à Verberie les ambassadeurs pontificaux. Il signa un traité dans lequel il se déclarait le protecteur de Rome, et s'apprêta à passer en Italie avec une puissante armée.

Les événements allaient prendre une nouvelle importance, lorsque Grégoire III et Karle moururent.

Ce dernier mourut à Kiersi-sur-Oise, le 22 octobre 741 ; il était âgé de cinquante-trois ans [5], et fut enseveli dans la basilique de Saint-Denis, qui, remarque Henri Martin, « n'avait point encore reçu de si illustre mort. » Karle, avant sa fin, avait eu la prudence de régler le partage de « sa principauté » entre ses trois fils. L'aîné, qui s'appelait Karloman, eut l'Austrasie, l'Allemannie ou Souabe, la France d'outre-Rhin et la Thuringe ; Peppin, le second, reçut la Neustrie, la Burgondie et la Provence [6]. Quant au troisième, nommé Grippo, qui était fils de la seconde femme (les gens d'église disaient *concubine*) de Karle, il eut un apanage diverses portions de la Neustrie, de l'Austrasie et de la Burgondie.

Remarquons, avant d'aller plus loin, le changement qui vient de s'effectuer dans la situation de l'Église romaine et de l'Italie tout entière. Grégoire, en se mettant à la tête des Romains pour repousser l'aggression de Léon l'Isaurien et de Luitprand, les Romains, en le reconnaissant pour leur chef et en s'apprêtant à le défendre, ont jeté de concert le premier fondement sur lequel les papes établiront bientôt leur souveraineté temporelle. D'un autre côté, et par le fait même de la proposition du Saint-Père, qui offre à Karle de lui conférer le consulat romain, les débris de l'empire d'Occident se trouvent transférés aux Franks, dont l'attention et les regards vont maintenant demeurer fixés sur la péninsule.

II.

Peppin-le-Bref, premier roi Carolingien. — Démêlés d'Astolfe, roi des Lombards, avec le pape. — Premiers triomphes des armes frankes en Italie. — Fondation du gouvernement temporel des papes. — Mort d'Astolfe et de Peppin-le-Bref.

Les dernières volontés de Karle Martel ne furent pas

---

1. Ch. Botta. — *Histoire des peuples d'Italie.*
2. H. Martin.
3. H. Martin.
4. *Gesta pontif. rom.*
5. Mézeray — *Histoire de France.*

1. Paul Diacre. *Chronic.*
2. Parlonneaux. *Conquête de la Lombardie.*
3. On appelait ainsi le tombeau du *prince des apôtres.*
4. H. Martin.
5. Anquetil. — *Histoire de France.*
6. H. Martin.

longtemps respectées par ses enfants. Karloman et Peppin s'unirent pour dépouiller leur jeune frère Grippo, qu'ils enfermèrent dans le couvent de Chelles. La première année de leur règne fut signalée par d'importantes réformes religieuses : les évêques furent réintégrés en possession de leurs sièges et les biens ecclésiastiques rendus aux églises. Un concile, assemblé en Germanie avec l'autorisation expresse du pape de Rome, fut appelé en même temps à réprimer par des canons sévères la conduite désordonnée des prêtres et des clercs.

Ces réformes n'empêchaient pas les princes Franks d'être tout entiers aux guerres qu'il leur fallait soutenir à l'extérieur. La guerre de Bavière fournit au souverain pontife une occasion de s'immiscer, pour la première fois, dans les querelles des peuples : au moment où les Franks s'apprêtaient à écraser leurs adversaires, un envoyé du pape somma les princes franks, au nom de Saint-Pierre et du « Seigneur apostolique [1] », de cesser les hostilités et d'évacuer le territoire de l'ennemi. Peppin, il est vrai, n'en fit rien ; mais nous devions signaler ce fait, afin de faire mieux ressortir l'importance que s'attribuait le pape, et l'influence qu'il cherchait à exercer sur toutes les affaires de la chrétienté.

Peu de temps après, Karloman, cédant à la fascination étrange qu'exerçait alors le monachisme sur tous les esprits, se retira du monde et choisit pour résidence le monastère du Mont-Cassin, fondé par saint Benoît. Un autre souverain s'y était déjà consacré au service de Dieu : c'était le roi lombard Raghis, qui avait succédé à Luitprand, mort à Pavie au mois de juillet de l'année 743.

Resté seul à la tête du gouvernement, Peppin n'eut plus qu'une pensée : le titre de maire du palais ne suffisait pas à sa vaste ambition ; il aspirait à posséder la royauté, dont la puissance seule lui avait été léguée par son père. Un semblable dessein ne pouvait être réalisé sans difficultés : la race de Mérowig (Mérovée) était depuis longtemps en possession du trône ; la supprimer tout à coup et la remplacer par une dynastie nouvelle pouvait froisser les antiques superstitions des Franks et passer aux yeux du vulgaire pour un acte d'usurpation. Peppin le comprit. Le pape, ainsi que nous l'avons vu, avait acquis déjà une grande autorité sur les affaires temporelles des peuples : ce fut à cette autorité que le maire du palais eut recours.

Zacharie, successeur de Grégoire III, avait trop à cœur de contracter alliance avec Peppin pour lui refuser sa sanction ; aussi accueillit-il avec une grande joie les ambassadeurs de ce prince (751), Burkhard, évêque de Wurtzbourg, et Fulrad, abbé de Saint-Denis. Leur mission avait pour but « d'interroger le pape Zacharie touchant les rois des Franks descendus de l'antique race des Mérovingiens, lesquels étaient appelés rois, tandis que toute la puissance appartenait au maire du palais, si ce n'est que les chartes et les privilèges étaient écrits au nom du roi. Peppin priait le pape de décider lequel devait légitimement être et se nommer roi, de celui qui demeurait sans inquiétude et sans péril en son logis, ou de celui qui supportait le soin de tout le royaume et les soucis de toutes choses. » La réponse de Zacharie n'était pas douteuse : il « manda au peuple des Franks, par l'autorité de saint Pierre, que Peppin, qui possédait la puissance royale, devait jouir aussi des honneurs de la royauté. »

L'assemblée nationale des leudes et des évêques fut aussitôt convoquée à Soissons, et la décision du pape solennellement annoncée. Hildéric « qui était dit faussement roi, » fut déposé, tondu, et relégué parmi les moines de Sithieu, à Saint-Omer. « Peppin, par l'élection de toute la France, fut élevé sur le trône du royaume, lui et sa reine Bertrade, avec la consécration des évêques et la soumission des grands... Il fut oint comme roi par saint Boniface. »

De ce sacre devait nécessairement résulter un immense changement dans le caractère de la royauté. « Peppin, dit Henri Martin, à qui nous avons emprunté les détails précédents, n'était plus seulement, comme le grand Chlodowig, l'allié du clergé, il en devenait membre ; il était l'oint du Seigneur, comme avaient été les rois d'Israël sous l'ancienne loi ; c'est là qu'on doit chercher l'origine de ces idées sur le caractère indélébile de la royauté et sur l'inviolabilité de la personne royale, qui ont survécu vaguement à l'état social et religieux dont elles étaient issues. L'entrée du roi dans le corps ecclésiastique, la part prise par l'Église à l'avènement du roi pouvait enfanter des résultats très-di-

vers : le roi se trouvait autorisé à s'immiscer dans les affaires intérieures de l'Église et dans la direction des conciles, et les évêques et les papes, de leur côté, devaient aspirer à se subordonner le roi, à le réduire à la condition d'exécuteur de leurs décrets, et à établir la doctrine que ceux qui avaient fait le roi pouvaient le défaire ; l'une et l'autre de ces conséquences eurent lieu, chacune en son temps. » Nous ne tarderons pas à en avoir la preuve dans les événements qui vont suivre.

Tandis que la dynastie des Carolingiens (Karl-ingen, enfants de Karl, en latin, Carolingi) remplaçait sur le trône des Franks, en la personne de Peppin-le-Bref, la race de Mérowig (Mérovingiens), Etienne ou Stéphane II montait sur le siège épiscopal, à la mort de Zacharie (752).

Astolfe (Aistulf), successeur de Raghis, roi des Lombards, n'avait cessé de convoiter la possession de Rome. Il se jeta sur l'Istrie et la Pentapole, chassa de Ravenne l'exarque Eutychius, et mit le siège devant Rome.

C'était le moment pour Etienne III [1] de rappeler à Peppin les obligations qu'il avait contractées envers le saint-siège. Le commencement de l'an 753 vit, en effet, arriver d'Italie un pèlerin chargé d'une lettre dans laquelle le pape implorait l'assistance du roi des Franks. Peppin comprit vite tout le parti qu'il pouvait tirer de cette démarche ; il envoya au pontife une première ambassade pour l'assurer de son appui. En même temps, il entra en négociations avec Astolfe, engageant ce prince à quitter le duché de Rome.

Etienne, voyant que les négociations n'aboutissaient à rien, renvoya à Peppin son ambassade avec de nouvelles lettres. Cette fois il s'adressait, non plus seulement au roi, mais à tous les ducs de la nation des Franks, et les conjurait de ne pas mettre obstacle aux bonnes intentions du roi ; Etienne leur promettait « au nom de leur protecteur saint Pierre, » la rémission de leurs péchés et l'entrée du paradis, à condition qu'ils prissent les armes, et menaçait les opposants de la perte de l'éternelle béatitude. En même temps il priait Peppin de lui renvoyer une seconde ambassade qui l'engageât officiellement à passer en France. » Le roi se rendit à ce désir ; deux nouveaux ambassadeurs, l'évêque de Metz et un duc, se rendirent à Rome auprès du pontife.

Mais, avant de quitter l'Italie, Etienne voulut tenter auprès d'Astolfe un dernier effort. Bravant les larmes et les supplications du clergé et du peuple, qui cherchaient à le détourner de son dessein, il se rendit de nuit dans le camp des Lombards, et se fit introduire auprès du roi, à qui il exposa ses griefs et ses vœux.

Astolfe, comme le pape s'y attendait, refusa dédaigneusement. Peut-être, en apprenant qu'Etienne s'apprêtait à partir pour la France, fut-il tenté d'employer la violence pour empêcher ce voyage ; mais les ambassadeurs du roi des Franks parlèrent au nom de leur maître et invitèrent le prince lombard à donner des saufs-conduits au pape et à toute sa suite. Astolfe n'osa les refuser ; d'ailleurs, il espérait encore détourner l'orage qui grondait sur sa tête et faire avorter la guerre.

On était à la fin de novembre, quand Etienne arriva en Gaule. Au pied des Alpes, il fut reçu par un jeune prince, âgé de douze ans, que le conduisit à Pontion, en Champagne, où l'attendait Peppin. Cet enfant qui, pour la première fois, prend place dans cette histoire, était le fils aîné de Peppin, et portait le nom de Karle, son aïeul. Bientôt il n'allait plus s'appeler que Karle-le-Grand, CHARLEMAGNE [2] !

Etienne fut accueilli avec les plus grands honneurs. Le lendemain de son arrivée, 7 janvier 754, il se rendit auprès de Peppin, revêtu d'un cilice, le front couvert de cendres, suivi de son clergé, et se prosterna aux genoux du roi en implorant sa délivrance et celle du peuple romain. Il ne consentit à se relever que lorsque Peppin lui eut promis par serment d'employer sa puissance à le délivrer de la tyrannie des Lombards et à reprendre sur Astolfe les places dont celui-ci s'était emparé contre la foi des traités.

Tandis qu'Etienne allait passer le reste de l'hiver à Saint-Denis, Peppin envoyait des ambassadeurs au roi des Lombards pour le sommer d'évacuer le duché de Rome et d'avoir à cesser toute entreprise hostile contre les villes romaines et le Saint-Père. Astolfe, dans le dessein sans

---

1. Les évêques de Rome, cherchant une désignation qui leur fût propre, n'avaient pas encore adopté exclusivement le titre de *papes*, que nous leur donnons.

1. Etienne II était mort trois jours après son avènement au trône pontifical.

2. *Carolus magnus;* en langue romane, Karlemaines, Challemaines. L'épithète de *grand* est restée à jamais scellée au nom du second Karle par l'admiration des peuples de langue romane (H. Martin[1]).

doute de susciter au roi des Franks des ennuis d'une autre espèce, répondit en lui envoyant comme ambassadeur l'ex-souverain d'Austrasie, Karloman, qui, à sa prière, avait consenti à sortir de sa retraite et à venir en France. « Le moine du Mont-Cassin eût pu susciter de graves embarras au monarque des Franks : déjà plusieurs des premiers d'entre les Franks, « de ceux que Peppin avait accoutumé de consulter, » déclaraient hautement qu'ils n'iraient point en Italie, « qu'ils délaisseraient le roi et retourneraient chez eux. » Peppin se concertèrent à la hâte : Karloman fut arrêté et enfermé dans un monastère à Vienne, où il mourut l'année suivante, et ses fils furent *tondus* et engagés dans les ordres. Aucun mouvement n'éclata en leur faveur. La guerre contre les Langobards fut consentie par la nation franke au *mâl* ou Champ-de-Mars, tenu soit à Braine, soit à Kiersi, et Peppin s'engagea à livrer au pape le domaine de toutes les villes qui seraient reprises s. Astolfe [1]. »

Avant de partir pour l'Italie, Peppin, jugeant le moment propice, voulut voir sa domination sur les Franks ratifiée par le souverain pontife. Il lui semblait que cette puissante et solennelle sanction ne ferait que donner plus de force à son droit. Etienne avait trop besoin des services du roi pour hésiter : il s'empressa de donner au défenseur de sa cause le nouveau gage d'alliance qu'il lui demandait. Ce fut le 28 juillet de l'année 754, que fut conférée à Peppin et à la reine Bertrade, de la main même du pape, « l'onction de l'huile sainte. » Etienne alla plus loin : il baptisa et sacra rois en même temps les deux fils de Peppin, Karle et Karloman, dont l'aîné avait douze ans, et le plus jeune trois ans, et lui conféra, ainsi qu'au roi leur père, le titre de *patrices des Romains*. A ce propos, un historien remarque que « le droit de créer un patrice des Romains n'appartenait pas plus au pape que celui de transférer la couronne de France d'une maison à une autre [2]. » Quoi qu'il en soit, nous verrons plus tard *Charlemagne*, en vertu de ce titre, hériter de tous les droits des empereurs d'Orient sur Rome.

Peppin, ayant obtenu ce qu'il désirait, s'apprêta à payer au pape sa dette de reconnaissance. Il passa en Italie, bien disposé à chasser des places qu'ils occupaient. « L'armée franke, dit Henri Martin, entra en campagne vers la fin de l'été. Astolfe, quoique trompé dans les espérances qu'il avait fondées sur l'intervention de Karloman et sur les dissensions des Franks, ne put se décider à abandonner sans combat ses conquêtes et les prétentions de son peuple ; il leva en masse les Langobards et vint asseoir son camp dans le val de Suze. Toutes les chances étaient contre les Langobards, qui n'avaient pas même à opposer l'avantage du poste à celui du nombre et de la valeur guerrière. Les Franks, depuis leurs anciennes expéditions du vie siècle, étaient demeurés maîtres des principaux défilés ou *cluses* (*clusæ*, de *clausa*, lieux fermés) qui conduisent de Gaule en Italie, et des forts qui commandaient ces défilés. Astolfe vit bientôt l'avant-garde de Peppin logée dans la montagne au-dessus de sa tête. Les Franks descendirent hardiment dans la vallée, sans attendre le gros de leurs bataillons, qui défilaient lentement et péniblement à travers les gorges du mont Cenis. Astolfe tenta de profiter de leur témérité, et fondit sur eux avec toutes ses forces ; mais l'avant-garde franke, « invoquant Dieu et Saint-Pierre, » soutint le choc avec tant de vigueur qu'elle mit en déroute l'armée entière des Langobards. Une foule de ducs, de comtes et de seigneurs langobards restèrent sur le champ de bataille ; le camp et toutes les richesses qu'il renfermait furent pillés par les Franks, et le roi Astolfe n'échappa qu'à grand'peine aux vainqueurs en se laissant glisser du haut d'un précipice, au risque de se briser contre les rochers. Il regagna Pavie « avec peu d'entre les siens, » et ne tarda pas à y être bloqué par l'armée franke. Astolfe, « voyant qu'il ne pouvait aucunement échapper, » sollicita la paix par l'entremise des évêques et des seigneurs franks, qu'il gagna par de riches présents, promit d'accomplir tout ce qu'exigeait le roi Peppin, c'est-à-dire de remettre au pape les villes de l'exarchat, jura, lui et ses grands, de ne jamais se soustraire à la suzeraineté franke, et de ne jamais commettre d'hostilité contre le saint-siège apostolique ni la « république romaine. » Il paya 30,000 sous d'or à Peppin, s'obligea à un tribut de 5,000 sous par an, et livra en otage quarante nobles langobards. Peppin fit reconduire Etienne à Rome par son frère Hiéronyme et son archi-chapelain Ful-

rad, et retourna en Gaule avec ses Franks gorgés de butin, malgré le pape, qui les pressait de rester en Italie jusqu'à ce que les Langobards eussent évacué Ravenne et les autres cités de l'exarchat. »

Peppin n'eut pas plutôt quitté l'Italie pour retourner dans ses Etats, que les Lombards, oubliant leur défaite et leurs promesses, se précipitèrent sur Rome, commirent les plus graves excès autour de cette ville, mirent tout le pays à feu et à sang, et allèrent jusqu'à menacer « d'exterminer tous les Romains par le glaive, » si le pape Etienne ne leur était livré.

La violation du traité fut annoncée à Peppin par son archi-chapelain, l'abbé Fulrad, qu'il avait laissé à Rome, et qui revint précipitamment par mer chargé d'une lettre d'Etienne. Trois ambassadeurs arrivèrent presque aussitôt avec une nouvelle missive, plus pressante que la première, et adressée « aux très-excellents seigneurs Peppin, Karle et Karloman, tous trois rois et patrices des Romains, et à tous évêques, abbés, prêtres et moines, à tous glorieux ducs et comtes, et à l'armée entière des royaumes et provinces des Franks, par le pape Etienne et par tous les évêques, prêtres et diacres, tous les ducs, cartulaires, comtes, tribuns, et tout le peuple et armée des Romains. » Cette épître fameuse, que quelques écrivains ont tournée en ridicule, et qui, pourtant, n'était rien moins qu'habile, puisqu'elle émut ceux qu'on se proposait d'émouvoir, était écrite par « Pierre, apôtre de Jésus-Christ, fils du Dieu vivant, » de concert avec la Vierge, les anges, les martyrs et les saints, qui promettaient aux Franks de les assister dans leurs expéditions.

« Tenez pour certain, disait d'une seule voix cette sainte « cohorte, que nous sommes ici aussi présents, nos très-chers « fils, que si vous nous voyiez de vos corps, vivant « et agissant en chair et en os... — Si vous obéissez en di- « ligence, ajoutait le prince des apôtres, vous aurez grande « récompense, vous vaincrez tous vos ennemis dans la vie « présente, vous vivrez longuement, vous mangerez les « biens de la terre, et vous jouirez ensuite de la vie éter- « nelle [1]. »

Ce qu'il y a de remarquable, c'est que les Franks ne doutèrent pas un instant que cette audacieuse, mais éloquente prosopopée, n'eût été écrite par saint Pierre, et qu'elle produisit la plus profonde impression sur Peppin et tous les seigneurs de sa cour. Le mâl national fut assemblé [2], la guerre résolue avec enthousiasme, et les préparatifs de l'expédition achevés.

Cette campagne ne fut pas moins glorieuse que la première. « Les Franks, comme l'année précédente, culbutèrent et taillèrent en pièces les troupes qui essayèrent de les arrêter à l'entrée du val de Suze, et allèrent planter leurs tentes autour de Pavie, sur les deux rives du Tésin, pendant que Tassile, le jeune duc de Bavière, descendait des monts de la Rhétie avec ses Bavarois, à l'appel de son oncle Peppin. L'imprudent Astolfe, hors d'état de résister aux adversaires qu'il avait bravés, fut trop heureux d'acheter la paix en sacrifiant le tiers de son trésor royal. » De plus, comme l'expérience avait démontré ce qu'on pouvait attendre de la loyauté du roi Lombard, Peppin ne voulut pas quitter l'Italie, que l'exarchat de Ravenne n'eût été remis au pouvoir du pape. L'abbé Fulrad, d'après ses ordres, alla recevoir les clefs des villes de l'exarchat, et les porta lui-même à Rome.

Selon sa promesse, Peppin fit en outre rédiger un acte de donation en bonne et due forme, lequel fut signé par les deux fils du roi et par les principaux seigneurs et prélats de France. Cet acte de donation comprenait la Romagne, le duché d'Urbin et une grande partie de la Pentapole ou Marche d'Ancône. L'exarchat de Ravenne, Bologne, Imola, Forlim-Popoli, Forli, Cesena, Comacchio, Adria, Servia, Secchia, Faenza et Ferrare. Ces deux dernières seules ne furent pas livrées au pape. Quant à la Pentapole, elle se composait de Rimini, Pesaro, Conca, Fano, Sinigaglia, Ancône, Osimo, Urnana (aujourd'hui ruinée), Jesi, Fossombrone, Montefeltro, Urbino, le territoire de Balni, Cagli, Luccoli, Ucobio, avec tous les châteaux et terres qui en dépendaient.

Par cet acte de générosité de Peppin, se trouva constituée la souveraineté temporelle des papes. Bien que les pièces originales de ces donations n'existent plus et que les papes,

1. H. Martin.
2. Sismonde de Sismondi. — *Hist. des Répub. ital.*

1. Stephani *epistola*; dans les *Histor. des Gaules*.
2. Ce mâl fut le dernier qui se tint en mars; on recula de deux mois l'époque des assemblées : ainsi « le Champ-de-Mars, disent les *Annales Frankes de Pétav*, fut changé en *Champ-de-Mai*. »

sans aucun doute, aient fortement exagéré, dans les siècles suivants, l'étendue des terres concédées, l'authenticité du fait n'en est pas moins avérée. Depuis cette époque, les papes cessèrent de dater leurs lettres et leurs diplômes du règne des empereurs; et, lorsque Charles-le-Chauve eut enfin cédé au saint-siège la souveraineté de Rome, les pontifes datèrent leurs actes des années même de leur pontificat.

On pense peut-être qu'Astolfe, après une leçon aussi rude que celle qui venait de lui être infligée à deux reprises différentes par Peppin, dut laisser le pape gouverner en paix ses nouveaux États; il n'en fut rien. Les Franks à peine partis, il se prépara à remettre le siège devant Rome. Un accident imprévu l'empêcha seul de consommer son dessein : il mourut d'une chute de cheval en 756.

Les Lombards, en remplacement d'Astolfe, portèrent au trône un prince du nom de Désidérius (Didier), qui dut en grande partie son élection à l'influence et à l'appui du pape et des Franks. Une fois couronné, son premier soin fut de tourner ses armes contre ses protecteurs, d'envahir le territoire de Spolète et de Bénévent, et de mettre à sac les terres de l'ancien exarchat de Ravenne. En même temps, il intriguait sourdement auprès de Waïfer (Gaifre), duc d'Aquitaine, le poussant à prendre les armes contre Peppin, et le soutenant même dans sa rébellion. Il espérait ainsi détourner loin de lui les efforts des Franks et venir facilement à bout du pape.

Mais la vigueur avec laquelle Peppin poussa la guerre d'Aquitaine trompa complètement son attente. Il allait sans doute payer cher l'appui qu'il avait prêté à Waïfer, lorsque Peppin fut tout à coup emporté par une attaque d'hydropisie, le 24 septembre 768. Il était âgé de cinquante-quatre ans, et avait régné seize ans sur la France, qu'il avait gouvernée en tout durant vingt-sept années.

Les conséquences de son règne furent immenses pour l'Italie aussi bien que pour la France. Les papes lui durent le commencement de leur grandeur temporelle, et la Gaule son unité politique. Son seul tort fut d'être venu entre *Charles-Martel* et *Charlemagne*, deux géants historiques, dont les noms écrasèrent le sien aux yeux de la postérité.

III.

CHARLEMAGNE. — Conquête de la Lombardie. — Les papes Adrien et Léon III. — L'empire des Franks. — Testament de Karle. — Progrès de la papauté.

Peppin-le-Bref, avant de mourir, avait, à l'exemple de son père, Karle-Martel, partagé son royaume entre ses deux fils. Karle, l'aîné, alors âgé de près de vingt-six ans, reçut l'Austrasie et une grande partie de la Germanie; Karloman, qui venait d'atteindre sa dix-septième année, eut la Burgondie, la Provence, la Septuanie, l'Allemannie et l'Alsace. Le siège de ces deux royaumes était à Noyon, pour le premier, et, pour le second, à Soissons.

Le début du règne de Karle fut loin d'être tranquille : il lui fallut lutter contre les Aquitains et les Wascons, qui se révoltaient de nouveau. Cette guerre amena la mésintelligence entre les deux princes franks qui ne durent leur réconciliation qu'à l'intervention de la reine Bertrade, leur mère. Cette princesse, intelligente et active, après avoir rétabli l'union entre les deux frères, entreprit de terminer les dissensions qui continuaient de partager les Franks et les Lombards. Elle se rendit en Italie auprès du roi Désidérius, et obtint de lui qu'il rendrait au pape plusieurs villes dont il s'était tout récemment emparé. Désidérius consentit à tout ce que voulut la reine, à la condition expresse qu'un des princes franks épouserait sa fille Désidérata.

En apprenant ce projet d'alliance, le pape poussa les hauts cris. Désidérius, dans le but de s'assurer la domination de Rome, avait tout récemment cherché par ses intrigues à faire élire une de ses créatures au siège pontifical. Etienne IV ne lui pardonnait pas de s'être mêlé des élections et d'avoir à son gré disposé des sièges épiscopaux, ce qui, remarquons-e en passant, ne fût pas arrivé, si les évêques se fussent borné à l'administration religieuse, sans chercher eux-mêmes à s'immiscer dans les affaires politiques et à se créer des principautés indépendantes.

Instances, menacés, prières, tout fut employé par Etienne IV pour détourner Karle de l'alliance négociée entre Bertrade et Désidérius. « Rappelez-vous, écrivait-il à Karle et à Karloman, dans une lettre où il distribuait aux Lombards les injures les plus cruelles; rappelez-vous que vous avez promis à saint Pierre et à son vicaire que leurs amis seraient vos amis, et leurs ennemis vos ennemis; vous ne devez agir en aucune manière contre la volonté des pontifes du siège apostolique! »

La prétention, on en conviendra, était tant soit peu orgueilleuse de la part d'un prélat, qui, la veille encore, ne possédait pas le plus petit territoire et qui devait tous ses états à la libéralité d'un prince frank. Mais le pape avait cela de commun avec les rois Lombards, qu'il oubliait vite les services rendus, pour ne se souvenir que de ses intérêts et de ses animosités. Dans cette même lettre, dont nous venons de citer un passage, Etienne IV ajoutait un peu plus loin, que « ce peuple lombard était corrompu jusqu'à la moelle des os, pétri d'un sang infecté qui ne produirait que des lépreux, et qu'il était indigne à tous égards, de s'allier au sang illustre et pur des Franks. »

Un argument infiniment plus sérieux et plus orthodoxe était le suivant : Etienne IV appuyait sur ce point, que Karle et Karloman étaient déjà mariés à de « belles épouses de la très-noble nation des Franks, » et ne pouvaient les renvoyer pour en épouser d'autres. Nous verrons un peu plus loin le souverain-pontife conseiller le divorce, contre lequel il prêche ici avec tant de force. C'est que ses intérêts n'étaient plus les mêmes, et qu'il fallait à tout prix mettre d'accord la religion et la politique, dût la première faire des concessions pour le maintien de la seconde.

Karle laissa dire le pape, et épousa Désidérata, après avoir préalablement répudié sa première femme. Au bout d'un an, comme la princesse Lombarde, « jeune femme frêle et maladive, » ne lui donnait pas d'enfant, il s'en dégoûta, et « la délaissa de même que si elle eût été morte, par le conseil des plus saints prêtres. » Ce même clergé qui avait tonné contre le premier divorce, applaudit au second, et Karle put épouser la belle Hildegarde sans courir le risque de mécontenter le saint-père.

On était alors à la fin de 771. Le 4 décembre, Karloman mourut, laissant après lui deux enfants, qui ne devaient pas hériter de son royaume. Les grands de la nation, au détriment des deux jeunes princes, « oignirent Karle roi sur eux, et Karle obtint heureusement la monarchie du royaume des Franks [1]. » La veuve de Karloman, Gerberge (Gherberghe), alla chercher un refuge en Lombardie, auprès du roi son père [2], qui saisit avec empressement cette occasion de jeter le désordre dans la Gaule.

Adrien Ier occupait alors le trône pontifical. Désidérius s'adressa à lui, afin d'obtenir que ses deux petit-fils fussent sacrés et proclamés rois des Franks. Mais Adrien, loin de condescendre au désir du roi Lombard, se hâta d'informer secrètement Karle des démarches de Désidérius. « Quand même l'intérêt évident de la papauté, dit Henri Martin, n'eût point été de soutenir Karle, il entrait dans les tendances de la politique papale de favoriser l'unité royale contre le système barbare des partages : la papauté considérait avec raison la royauté comme une fonction et non comme un héritage. » Karle, fort occupé avec les Saxons, ne voulut pas porter la guerre en Italie, avant d'avoir préalablement essayé la voie des négociations. Il alla, dit Anastase, l'historien du pape [3], jusqu'à offrir au roi des Lombards, une somme de 14,000 sous d'or, à condition qu'il restituerait au pape plusieurs villes de l'exarchat, qu'il venait de lui enlever. Mais Désidérius ne voulut entendre à rien : il pensait pouvoir venir facilement à bout des Franks, si leur armée tentait de passer les Alpes.

Karle n'était pas d'humeur à temporiser longtemps : il se mit aussitôt en campagne. « Les Franks et leurs vassaux s'étaient assemblés déjà de toutes parts assemblés au près du Léman : Karle divisa ses légions en deux corps, confia l'un à son oncle Bernhard, un des fils naturels de Karle-Martel, se mit à la tête de l'autre, et les deux armées se dirigèrent sur la Lombardie, la première par le Valais et le *Mont-Joux*, la seconde par la Savoie, la Maurienne et le mont Cenis. Désidérius était parvenu à se saisir des *cluses* qui ferment la vallée de Suze ou de la petite Doire; il avait coupé ces défilés par des murailles, des palissades et des abatis d'arbres,

---

1. *Annal. Metenses.*
2. Karloman avait épousé la sœur de Désirata, fille du roi Lombard Désidérius.
3. *In Adrian.*

et il parvint à arrêter Karle à la descente du mont Cenis [1]. Désidérius pensait que les légions de Karle se rebuteraient promptement de bivouaquer sur les neiges des Alpes au mois de décembre. Les leudes en effet commençaient à crier qu'ils voulaient retourner chez eux, lorsqu'un matin on vit le défilé vide de gardiens et le camp langobard abandonné. Une terreur panique avait mis en fuite toute l'armée de Désidérius ; le corps de Bernhard était descendu dans le val d'Aoste et les plaines de Lombardie, et les Langobards s'étaient trouvés sur le point d'être pris et écrasés entre deux armées. Le gros des troupes langobardes, poursuivi et sabré par les Franks, se sauva du côté de Pavie, et un corps d'armée entier s'enferma dans cette capitale avec le roi Désidérius. Adalghis, fils du roi, poussa plus loin, et alla se jeter dans Vérone, « cité très-forte entre toutes les villes de Lombardie, » avec la veuve et les fils de Karloman et le duc frank Auther ou Otgher [2], le plus considérable entre les partisans des neveux de Karle. » Le roi des Franks, poursuivant les Lombards, alla mettre le siège devant Pavie, confia à ses lieutenants le soin de tenir cette ville en état de blocus, et se porta sous les murs de Vérone, qu'il investit complétement.

Adalghis, comprenant qu'il lui serait impossible de défendre longtemps Vérone, s'échappa de nuit et se réfugia à Constantinople ; privée de l'appui de son frère, Gerberge sortit de la ville et vint avec ses enfants se jeter aux pieds de son beau-frère. Karle accepta leur soumission et les envoya en France ; on ignore comment finit leur existence.

Vérone venait de se rendre ; les autres places occupées par les Lombards imitèrent cet exemple. Brescia et Pavie furent les seules qui résistèrent. Défendue par deux neveux de Désidérius, Brescia ne tomba aux mains de Karle que lorsque les habitants, découragés, eurent eux-mêmes contraint les deux frères à capituler [3]. A Pavie, le siège traînait toujours en longueur. Enfin, Désidérius ne pouvant continuer à soutenir la lutte, se rendit sous condition au roi des Franks ; sa femme et sa fille, ainsi que le trésor royal, furent remis au vainqueur.

Tandis que son armée assiégeait Pavie, Karle était allé à Rome, afin de célébrer auprès du pape les fêtes de Pâques. A son approche, les principaux de la « république » s'étaient rendus au-devant de lui. L'accueil qu'il reçut du pape Adrien fut on ne peut plus chaleureux. Le pontife, avec un nombreux cortège, attendait le roi au haut des degrés de la basilique de Saint-Pierre. Tous deux s'abordèrent en s'embrassant, tandis que la multitude enthousiaste saluait de ses acclamations le « Patrice de Rome » et que les moines entonnaient le chant sacré : Béni soit celui qui vient au nom du Seigneur.

Adrien profita du séjour de Karle à Rome, pour obtenir qu'il ratifiât la donation de Peppin. Karle ne se borna pas à ce qu'on lui demandait : aux libéralités de son père, il ajouta l'île de Corse, le port de Luna [4], Parme, Reggio, Mantoue ; toutes les dépendances de l'exarchat de Ravenne, l'Istrie, la Vénétie, et les duchés de Spolète et de Bénévent [5]. Dans cette donation, qu'Anastase a évidemment exagérée, puisque, la Corse n'étant pas au pouvoir des Franks, il leur était impossible de la donner au pape, Karle se réservait, bien entendu, tous les droits de souveraineté politique sur les cités et les provinces que nous venons de nommer. Plus tard, lorsque l'Italie échappa à la domination des Franks, les papes joignirent ouvertement ces droits à ceux qu'ils possédaient déjà.

Karle, après avoir vu l'Italie pacifiée par la reddition de Pavie, laissa dans cette ville une garnison franke pour la surveiller, et retourna en France, emmenant captifs Désidérius et les siens. L'ex-souverain mourut au monastère de Corbie, après y être resté quelque temps enfermé. Avec lui se termina la puissance des Lombards en Italie ; leur domination comptait alors deux cents six ans de durée. Elle fit place à la domination franke : Karle maintenant n'était plus seulement souverain des Franks, il ajoutait à ce titre celui de roi des Lombards.

Diverses expéditions contre les Saxons et les Sarrasins suivirent la conquête de la Lombardie. Karle, tout en dirigeant ses armées, n'oublia pas son nouveau royaume : il le fit participer à toutes les sages institutions dont il dota la France. Aussi son règne fut-il pour l'Italie une ère de rénovation et de prospérité, malgré les rébellions et les intrigues qui ne cessèrent de travailler sourdement ce malheureux pays. Tant que Karle résidait au milieu de ses nouveaux sujets, les choses allaient au mieux ; sa présence suffisait à retenir dans le devoir les mutins et les mécontents de toute espèce. Mais qu'une circonstance impérieuse le forçât à repasser en Gaule, et l'esprit de soulèvement agitait de nouveau les masses aigries par la morgue, les exactions et les injustices de la plupart des gouverneurs.

Karle sentait parfaitement tout le dommage que causaient à sa domination naissante les absences fréquentes que nécessitait la conservation de ses nombreux états : il résolut d'y remédier. Rodgause, duc de Frioul, Hildebrand, duc de Spolète, et Aréghis, duc de Bénévent, venaient de se révolter ; il franchit de nouveau les Alpes, battit les rebelles, destitua les ducs lombards et les remplaça par des comtes choisis entre les Franks dévoués à sa cause. Rodgause, tombé entre les mains du vainqueur, eut la tête tranchée.

Karle put alors donner suite à son projet sur l'Italie. Ne pouvant lui-même fixer sa résidence dans une ville italienne, il avait conçu le dessein d'y laisser un représentant de son autorité. Son fils Karloman fut baptisé à Rome par le pape Adrien, puis sacré et proclamé roi d'Italie sous le nom de Peppin, tandis que Lodewig, autre fils de Karle, était couronné par le souverain pontife comme roi d'Aquitaine.

Peppin avait alors quatre ans tout au plus : on comprend donc que le véritable roi d'Italie, c'était Karle. Il plaça auprès du jeune prince deux conseillers éclairés, Adalhard, abbé de Corbie, son cousin germain, et Anghilbert, abbé de Saint-Riquier ; puis il rentra en France (781).

Cette époque du règne de Karle est remarquable sous tous les rapports. Si, d'un côté, il améliorait le sort de l'Italie et cherchait à la faire participer aux bienfaits de son administration, d'un autre côté, il lui empruntait ses savants, ses artistes et ses lettrés pour doter la France de leurs lumières. Ainsi, Français et Italiens travaillaient ensemble à l'émancipation politique, au progrès intellectuel et moral des deux nations. En échange de la ferme et sage organisation qu'il lui apportait, l'Italie donnait à Karle le célèbre grammairien Pierre de Pise, Paul Varnefrid, auteur de l'Histoire des Langobards, et lui fournissait l'occasion de connaître Alcuin, ce célèbre Anglo-Saxon qu'un historien a nommé avec raison « le roi du siècle après Charlemagne[1] ».

Karle, cependant, n'en avait pas encore fini avec les rébellions des Lombards. Aréghis, duc de Bénévent, appuyé par son cousin Tassillon, duc de Bavière, et poussé secrètement par l'astucieuse et habile impératrice Irène, crut pouvoir secouer le joug des Franks. Malgré l'échec tout récemment éprouvé à Roncevaux, Karle, que ne pouvait décourager un revers galant et momentané, franchit les Alpes avec une armée formidable, opéra sa jonction avec les troupes lombardes de son fils Peppin, et marcha sur le duché de Bénévent. Aréghis ne crut pas devoir attendre que les deux rois vinssent l'assiéger dans sa capitale ; à la nouvelle de leur approche, il s'empressa de faire acte de soumission. Un tribut annuel de sept mille sous d'or [2] et douze otages livrés à Karle, parmi lesquels son propre fils Grimoald, permirent à Aréghis de conserver la possession de son duché.

Tandis que Karle s'occupait de châtier le duc de Bavière, Peppin eut à défendre deux fois les Alpes contre les Avares ; les évêques d'Italie parurent alors pour la première fois à la tête des armées et dans la mêlée des batailles [3]. Grimoald avait succédé à son père Aréghis ; malgré ses promesses de fidélité, il ne cessa de comploter jusqu'à sa mort (806), et Karle se vit même forcé d'envoyer le roi d'Aquitaine, Lodewig, en Italie, pour aider Peppin à le soumettre.

L'année 795 fut marquée par un événement qui impressionna douloureusement le roi des Franks. Adrien Ier mourut à Rome le 25 décembre. Le jour même de ses funérailles, son successeur fut élu sous le nom de Léon III.

Le premier soin du nouveau pape fut d'envoyer à Karle, « patrice des Romains, » les clefs du tombeau de saint

1. Désidérius avait fermé le passage au val de Suze, dont une position porte encore le nom de Chiusa, par une ligne de murailles, de bastions et de tours, qui s'étendait depuis le mont Porcarino jusqu'au bourg de Chiavri (Ad vicum Cabrium). — ANASTASE. — Chronic. moral. — Rerum ital.
2. Cet Otgher n'est autre que le héros des romans de chevalerie, Oger-le-Danois.
3. Ridolfi, Storia di Brescia.
4. Port du golfe de la Spezzia, aujourd'hui détruit.
5. Anastase, In Adrian.

1. Théodose Burette, Hist. de France.
2. Eginhard, Annal., ad annum 814.
3. Partonfeaux.

Pierre et l'étendard de Rome, en le priant de faire recevoir le serment de fidélité du peuple romain.

Cette mission fut confiée à Anghilbert, abbé de Saint-Riquier. Quatre ans plus tard, au printemps de 799, à la suite de violentes discordes entre Léon III et les principaux des Romains, une troupe de séditieux, commandée par Campulus et Pascal, neveux du feu pape Adrien Iᵉʳ, se jeta sur le pontife au milieu d'une procession [1], le précipita de son cheval, le maltraita assez grièvement, et le traîna au monastère de Saint-Erasme, où il fut renfermé. Délivré par ses partisans, Léon III se retira auprès du duc de Spolète; mais un ordre de Karle l'appela à Paderborn, en Germanie, où les deux souverains eurent ensemble une entrevue. Le pape demanda vengeance au roi des Franks et fut restauré sur son siège; le prix que Karle à son intervention fut la couronne impériale de l'Occident.

Faire consacrer par le pape son autorité politique en Europe, tel était le but du monarque, lorsqu'il demandait le rétablissement à son profit de l'empire romain : il poursuivait ainsi sa grande idée d'unité gouvernementale. « Quant au pontife romain, sa pensée, dont on ne peut méconnaître la grandeur, n'avait pas été de rétablir purement et simplement le vieil empire, mais de lui donner un caractère plus directement religieux, et d'adosser, pour ainsi dire, le trône impérial au siège apostolique. De là le titre singulier de Saint-Empire-Romain, et l'idéal qui s'est longtemps attaché à ce titre. La papauté, au IXᵉ siècle, concevait la chrétienté une sous deux chefs, un chef religieux et un chef politique. Le principe des nationalités n'eût-il pas repoussé cette conception, que l'équilibre n'eût jamais pu s'établir entre ces deux têtes du monde. Sous Charlemagne, le pouvoir politique avait, de fait, la prépondérance. Plus tard, la papauté rêva la réunion des deux glaives entre ses mains, et les deux glaives furent brisés dans la lutte du pape et de l'empereur [2]. »

Karle, sous le prétexte de juger l'affaire du pape et de ses ennemis, et de punir les coupables, se rendit à Rome, où il fut reçu (24 nov. 800) avec un enthousiasme que font comprendre sa renommée et ses nombreuses victoires sur les barbares.

La cause de Léon III fut entendue dans la basilique de Saint-Pierre. Le pontife jura, « en embrassant les quatre Évangiles du Christ et en invoquant le nom de la Sainte-Trinité, » qu'il était innocent. Ses accusateurs furent confondus et condamnés à mort par Karle, qui, à la prière de Léon, voulut bien leur accorder « la vie et les membres, » et commua leur peine en celle de l'exil.

Le jour de Noël consomma le rétablissement de l'empire d'Occident et mit le comble à la grandeur des Franks. « Le roi Karle, dit Henri Martin, d'après les chroniques de l'époque, étant entré dans l'église (la basilique de Saint-Pierre) avec tout le peuple pour la messe solennelle de ce jour, et s'étant incliné devant l'autel pour prier, le pape Léon lui posa une couronne sur la tête, et tous les Romains crièrent par trois fois : « A Karle, très-pieux, auguste, couronné de Dieu, grand et pacifique empereur, vie et victoire ! » Après laquelle proclamation, le pontife se prosterna devant lui et l'adora, suivant la coutume établie du temps des anciens empereurs. Karle fut constitué empereur des Romains par les acclamations de tous, et le pontife l'oignit de l'huile sainte, ainsi que le roi son très-excellent fils (Peppin, roi d'Italie)... Après quoi, le sérénissime seigneur empereur offrit des dons inestimables aux basiliques de Saint-Pierre, de Saint-Paul, de Sainte-Marie-de-la-Crèche et à la basilique du Christ, dite de Constantin [3]. » Une ère nouvelle venait de commencer pour l'Italie.

Nous avons dit que le duc de Bénévent n'avait cessé jusqu'à sa mort de comploter contre l'autorité des Franks. Peppin venait à peine d'être sacré roi d'Italie, lorsqu'il lui fallut prendre les armes contre ce prince turbulent. Le fils de Karle était aussi vaillant que son père : en peu de temps il se rendit maître d'Ortona, de Chiéta, dans les Abruzzes; de Nocéra, dans la Pouille; chassa les Sarrasins qui cherchaient à se rendre maîtres de la Corse et de la Sardaigne, et punit les habitants de la Vénétie, toujours prêts à fomenter des discordes entre les Franks et les Byzantins, afin de se soustraire au joug des uns et des autres.

L'Italie rendue à la paix, le roi voulut couronner son œuvre en améliorant le sort de son royaume. A l'exemple du grand Karle, il régularisa l'institution des comtes, organisa

des tribunaux, créa des juges (iudices); dota les églises, releva la classe des hommes libres et encouragea les lettres. Il ne manquait rien à l'Italie pour renaître complètement sous cette bienveillante influence; la mort même de Peppin, survenue tout à coup en l'an 811, n'avait en rien troublé la situation intérieure du royaume. Tout faisait espérer que c'en était fini désormais de l'anarchie et des guerres civiles, lorsqu'un événement inattendu, dont les conséquences s'étendirent à toute l'Europe, vint subitement changer la face des choses.

Charlemagne mourut à Aix-la-Chapelle, le 28 janvier 814. Il était alors dans sa soixante-douzième année et en avait régné quarante-sept. Il avait fondé à Aix une basilique en l'honneur du Christ et de la Vierge-Marie; ce fut dans les caveaux de cette basilique qu'on l'ensevelit. Sur son sépulcre scellé fut placée son image avec cette inscription : « Sous ce tombeau gît le corps de Karle, grand et orthodoxe empereur, qui accrut glorieusement le royaume des Franks, et le gouverna heureusement pendant quarante-sept années. Nul ne saurait dire quelles plaintes et quel deuil il y eut à cause de lui par toute la terre; chez les païens même, on le pleura comme le père du monde [1]. » Disons-le avec Henri Martin, « le monde avait raison de pleurer : le génie de l'empire frank, en remontant au ciel, laissait les peuples occidentaux à l'entrée d'une des plus longues et des plus douloureuses crises qu'ait eues à traverser l'humanité, de la crise qui enfanta la société féodale. »

Karle, avant de mourir, avait voulu pourvoir d'avance au maintien de la paix dans ses États, et il avait, en conséquence, réglé par une charte de partage les droits de ses héritiers. Le testament, solennellement rédigé devant les prélats et les seigneurs du royaume, avait été porté à Rome par Eginhard et soumis à la confirmation du Saint-Père. Cette sanction n'avait d'autre but que de donner aux dernières volontés du prince une plus grande autorité après sa mort : Karle, qui n'avait pas cru devoir ceindre la couronne impériale sans se faire oindre et sacrer par le pape, était trop habile pour ne pas tirer parti de l'influence qu'avait déjà acquise la religion dans le domaine de la politique.

La charte de partage dont nous venons de parler, divisait l'empire entre les trois fils de Charlemagne, Lodewig, Peppin et Karle : ces deux derniers, dont l'un régnait déjà sur l'Italie, dont l'autre était destiné à porter après son père la couronne impériale, étant venus à mourir, Charlemagne dut changer les dispositions de son testament. Le roi d'Aquitaine, Lodewig, fut appelé à gouverner l'empire, et l'Italie reçut pour souverain Bernhard, fils de Peppin.

Ce jeune prince s'attacha, tant que vécut Charlemagne, à suivre les traditions qui avaient fait chérir le gouvernement de son père; mais, cédant bientôt aux conseils de son entourage, il rêva l'indépendance et chercha à se détacher du nouvel empereur. Lodewig, que ses vertus avaient fait surnommer le Pieux (Pius), et qui ne méritait pas encore l'épithète qu'on a plus tard attachée à son nom [2], força Bernhard à lui prêter serment de fidélité. En même temps, il lui retira ses conseillers Adalhard, abbé de Corbie, et le comte Wala, qui tous deux payèrent de l'exil leur dévouement au petit-fils de Charlemagne.

Léon III occupait encore le saint-siège. Deux émeutes, réprimées par Bernhard, signalèrent les dernières années de son règne. La vieille aristocratie romaine voyait avec peine la gestion des affaires publiques passer entre les mains des dignitaires de l'Église, et cet antagonisme suscitait à chaque instant de nouvelles discussions, qui ne s'effaçaient que devant la médiation du suzerain.

Après un pontificat d'environ vingt et un ans et demi, Léon III mourut le 11 janvier 816. Son successeur, Etienne IV, qui ne fit que passer sur le siège pontifical, « s'empressa de prêter et de faire prêter par les Romains le serment de fidélité à l'empereur, et envoya vers lui pour lui donner satisfaction sur son ordination, » c'est-à-dire pour s'excuser d'avoir été ordonné sans attendre la confirmation impériale [3]. Les monuments contemporains ne nous apprennent pas que les Romains aient demandé le consentement du « roi patrice Karl » pour l'élection des papes Adrien et Léon; mais l'opinion de la nécessité d'une con-

1. Anastase, Vita Leonis III papæ.
2. H. Martin. — Ozanam, Études germaniques.
3. Eginhard. Annal. — Anastas. Vita Leonis III.

1. Eginhard, Vita Karoli Magni. — Monach. Tugolismensis, dans les Histor. des Gaules.
2. Le Débonnaire, traduction vicieuse de l'épithète latine, accréditée par les historiens modernes.
3. Astronom.

firmation impériale s'était établie depuis la restauration de l'empire. L'indépendance absolue de l'élection papale paraissait un fait anormal, et les empereurs franks réclamaient tout naturellement un droit qu'avaient exercé les empereurs grecs depuis Justinien jusqu'au milieu du huitième siècle [1]. » Il en était du couronnement de l'empereur comme de l'élection du pape ; il semblait alors que ces deux pouvoirs, autorité religieuse et autorité politique, émanant de deux principes complétement distincts, eussent cependant ensemble une relation forcée et dussent se confirmer l'un par l'autre. C'est pourquoi Étienne IV, après avoir satisfait à cette nécessité, quitta Rome et se rendit à Reims, où il couronna Lodewig comme empereur et proclama *Augusta* l'impératrice Hermengarde, qu'il couronna également [2].

Étienne était à peine rentré en Italie, lorsque sa mort fit monter sur le trône un nouveau pontife (25 janvier 817). Pascal Ier, comme son prédécesseur, ne demanda la ratification de Lodewig qu'après avoir été consacré. L'Église romaine, on le voit, tout en reconnaissant au fond le droit de l'empereur, commençait à l'annuler dans la pratique : de là à nier le principe lui-même, il n'y avait pas loin.

Un acte fort important du règne de Lodewig vint de nouveau troubler la paix de l'Italie. Le plaid tenu en juillet 817 à Aix-la-Chapelle avait été l'occasion d'un décret impérial qui réglait par avance le partage de l'empire entre les enfants de l'empereur. Lother fut associé au trône impérial ; chef futur de la monarchie franke, le royaume d'Italie lui fut naturellement destiné ; l'Aquitaine échut à Peppin, et Lodewig eut la Bavière. Quant à Bernhard, il ne fut même pas mentionné dans la *charte de partage*. Le petit-fils de Charlemagne ne se vit point, sans mécontentement, frapper de déchéance ; encouragé par ses conseillers, l'évêque de Vérone, le comte de Brescia, Anselme, archevêque de Milan, et Théodulfe d'Orléans, il lève l'étendard de la révolte et se proclame indépendant.

Lodewig se hâte de rassembler son armée et marche sur l'Italie ; mais les troupes de Bernhard, effrayées par l'approche de l'armée impériale, abandonnent leur roi, qui se voit contraint de passer les Alpes pour implorer la clémence de son oncle. Étrange clémence que celle qui, transformant Lodewig en bourreau, allait lui faire regarder comme un acte de miséricorde de condamner seulement son neveu à perdre la vue. La résistance que Bernhard apporta aux efforts des bourreaux, la cruauté calculée avec laquelle fut exécutée la barbare sentence, furent telles que le malheureux prince succomba au bout de trois jours aux suites du supplice. Ses complices avaient été punis, les prélats par la perte de leur siège, les seigneurs par la mort [3].

Trois ans s'écoulèrent sans qu'il fût pourvu au remplacement de Bernhard ; mais les rumeurs de mécontentement qui, du fond de la Lombardie, parvenaient jusqu'au pied du trône de Lodewig, décidèrent enfin ce prince à charger Lother, son fils aîné, du gouvernement de l'Italie (février 821).

Un des premiers actes du nouveau roi fut de se rendre à Rome pour y rétablir l'ordre et y faire reconnaître l'autorité impériale. Les papes commençaient à contester cette autorité et à persécuter ceux qui se montraient partisans de la France. Le primicier et le nomenclateur de l'Église romaine avaient été condamnés à mort par le pape Pascal, et, en exécution de cette sentence, avaient eu la tête tranchée. Lother ordonna une enquête sur ce double meurtre ; mais le pape parvint à se justifier et jura de nouveau fidélité à l'empereur.

Lother retourna à Pavie, non sans avoir installé dans Rome des commissaires chargés de rendre la justice et de maintenir les droits du suzerain seigneur. L'élection régulière des papes, l'exécution des lois, les limites de l'autorité impériale et pontificale, furent l'objet de plusieurs *constitutions* célèbres, publiées par le fils de Lodewig le Pieux. Le clergé et le peuple reconnurent ces constitutions et jurèrent d'obéir aux empereurs franchement et sans arrière-pensée, « sauf la foi promise aux papes ; » serment équivoque qui ne tarda pas à être violé. Déjà les prérogatives que s'étaient réservées Peppin et Charlemagne, pour eux et leurs successeurs, étaient qualifiées d'abus par le saint-siège, dont le seul désir était de se rendre complétement indépendant.

La politique de Charlemagne portait ses fruits. Tant qu'avait vécu le grand roi, sa main puissante avait maintenu le

clergé à l'état d'instrument de la royauté ; lui mort, la réaction n'avait pas tardé à se faire. Le parti ecclésiastique était toujours attaché au système de l'unité gouvernementale, mais il ne comprenait l'État qu'enfermé dans l'Église, et la dictature qu'exercée par lui-même.

Les évêques gallo-franks, cependant, formaient déjà une scission avec les évêques romains. Tandis que le Pape Grégoire IV passait en Gaule (833) pour appuyer les prétentions de Lother à l'empire, l'épiscopat gaulois se déclarait pour Lodewig-le-Pieux, répondait aux menaces d'excommunication du pape en le menaçant de l'excommunier lui-même et de le déposer, pour s'être immiscé dans des affaires qui ne le regardaient pas.

Tous ces désordres durèrent jusqu'à la mort de Lodewig, en juin 840. L'empire était alors partagé d'un commun accord entre ses trois fils, Lother, Lodewig et Karle, qui ne purent toutefois s'entendre qu'après en être venu aux mains dans les plaines de Fontenailles.

Les successeurs de Lodewig-le-Pieux trouvèrent le monde chrétien dans une triste situation. L'empire carolingien s'écroulait de toutes parts, et marchait à un démembrement forcé. La différence des éléments qui le composaient, la tendance de chacune de ses parties à se créer une nationalité, l'ambition des seigneurs qui les poussait à l'indépendance et allait produire la féodalité, l'impuissance des fils de Karle à maintenir l'unité dans les vastes États de leur père, la subordination de la royauté à l'épiscopat, les abus que faisait la papauté de son influence et de sa suprématie, tout cela était autant de causes qui poussaient à la ruine de l'empire carolingien.

Le pacte de Verdun (août 843), en divisant entre les fils de Lodewig-le-Pieux, les diverses parties de la monarchie, porta le dernier coup à l'empire d'Occident. Il eut pour résultat la formation du royaume de France, et fit de l'Italie un état distinct, isolé, qui n'eut plus rien de commun avec la Gaule.

Louis II, fils de Lother, porta, après son père, le titre de roi d'Italie ; son règne fut glorieux et bien rempli ; les services qu'il essaya de rendre à son peuple, prouvèrent qu'il méritait la couronne. Il n'en fut malheureusement pas de même de ses successeurs. Karle-le-Gros, le dernier, et le seul dont le nom ait une importance, fut un instant reconnu souverain de toutes les contrées qui avaient obéi à Charlemagne : on put espérer que l'empire allait renaître de ses cendres. Mais il n'en fut rien : cette dernière lueur s'éteignit à son tour, et il ne resta aux Italiens que le regret d'avoir appelé et proclamé une royauté aussi impuissante à les gouverner, qu'elle l'avait été à les défendre contre les envahissements des Sarrasins.

Avec Karle-le-Gros, finit l'histoire des relations qui existèrent entre la France et l'Italie sous la race carolingienne.

Nous verrons plus loin quelles circonstances amenèrent une nouvelle intervention des Français dans les affaires de la péninsule, et comment les deux peuples se retrouvèrent mêlés aux mêmes événements.

DEUXIÈME PARTIE.

—

LA RENAISSANCE.

—

IV.

Coup-d'œil rapide sur la situation générale de l'Italie, depuis la chute des Carolingiens jusqu'au milieu du XVe siècle. — Jérôme Savonarole. — Expédition de Charles VIII.

Après que les Italiens eurent secoué le joug des successeurs de Charlemagne, il leur fallut songer à édifier un nouveau gouvernement. L'expérience qu'ils avaient faite des dominations étrangères était peu propre à leur faire adopter pour souverain un prince né en dehors de l'Italie. Ce fut un Italien, en effet, qu'ils appelèrent à les gouverner. La

---

1. H. Martin.
2. Thégan. *De gestis Lud. Pii.*
3. Eginhard. — Astronom.

couronne d'Italie, après des luttes acharnées entre divers compétiteurs, fut dévolue au duc de Frioul et à ses descendants (890).

Nous avons dit que la chute de l'empire d'Occident avait achevé de démasquer un fléau qui envahissait sourdement toute la chrétienté : ce fléau avait nom la féodalité. L'Italie, pas plus que les autres nations, ne fut exempte de ses ravages : aussi le dixième siècle fut-il, pour elle, le siècle de l'anarchie politique par excellence.

Sans cesse opprimée, tyrannisée par les souverains qu'elle s'était donnés, elle rêva de nouveau une révolution qui mit fin à leur puissance. Cette fois, d'après les conseils même du pape, ce fut un roi d'Allemagne, Othon-le-Grand, que les Italiens appelèrent à leur secours.

Répondant aux offres séduisantes qui lui étaient faites, ce prince passa en Italie à la tête d'une armée considérable, fut proclamé roi de Lombardie et d'Italie, et, peu de temps après, fut couronné empereur d'Occident par le pape Jean XI (962). En retour de cette consécration, le nouveau souverain reconnut les donations antérieurement faites au saint-siège par Charlemagne, et s'engagea à les maintenir. Les Romains, de leur côté, promirent de ne point élire de pape, sans qu'un mandataire de l'empereur fût là pour représenter son droit de suzeraineté. C'était un retour vers l'ancien ordre de choses.

On comprend que les relations ne pouvaient être long-temps pacifiques entre l'empire et la papauté : la fameuse querelle des investitures, qui dura près d'un siècle, mit aux prises ces deux grands pouvoirs. La lutte leur fut fatale à tous deux ; chacun y perdit de son prestige aux yeux des peuples. Les petits États italiens, emportés dans un mouvement général d'indépendance, profitèrent des dissensions du pape et de l'empereur, et se constituèrent en royaumes ou en républiques libres, tandis que les Normands se rendaient maîtres de la Sicile, de la Pouille et de la Calabre. La guerre des Guelfes et des Gibelins consomma la chute de la domination allemande en Italie ; l'autorité impériale fut brisée, et une ère d'indépendance commença pour la péninsule (1250).

Malgré les révolutions qui l'agitaient incessamment, le degré de prospérité et de civilisation qu'elle avait atteint, faisait alors l'envie des autres nations. Il ne lui manquait bien réellement que l'unité gouvernementale pour être la reine du monde. Il est vrai que ce qui manquait à l'Italie entière contribuait précisément à accroître la puissance, les richesses et la gloire de chaque État en particulier.

Tandis que Pise accaparait le commerce de l'Espagne, de l'Afrique et de la Palestine, Venise et Gênes, rivales maritimes, équipaient les flottes les plus puissantes et inondaient l'Europe des plus précieux produits du Levant. Milan, Vérone, Florence, Sienne, Lucques, et Rome elle-même, ne restaient pas en arrière.

Les arts, les sciences et la poésie produisaient des chefs-d'œuvre. Nulle époque peut-être n'a fourni un nombre plus considérable d'hommes remarquables : dans le droit et la théologie, Accurse, Barthole, Lanfranc, Pierre Damien, saint Anselme, Pierre le Lombard, saint Bonaventure et saint Thomas d'Aquin ; dans l'histoire, Guillaume de Pouille, Villani ; dans la poésie enfin, Brunetto Latini, Guido Cavalcanti, et ces trois immortels génies que le monde ne se lasse pas d'admirer, Dante Alighieri, Pétrarque et Boccace.

Si l'espace et le temps ne nous faisaient faute, nous voudrions nous étendre plus longuement sur cette époque si glorieuse pour l'Italie ; nous voudrions signaler l'influence que ces grands esprits exercèrent directement ou indirectement sur les événements de leur temps ; mais d'autres faits, auxquels il nous faut arriver, nous pressent et nous commandent impérieusement de ne pas nous arrêter.

Laissant de côté l'histoire des Barberousse et de la maison d'Anjou, la translation du siège pontifical à Avignon, les révolutions particulières des grandes cités italiennes, Rienzi, les condottieri, et les luttes des grandes familles qui se partageaient le pouvoir, nous nous hâtons d'arriver au commencement de la renaissance, qui prend date vers l'année 1453.

Voici quel était alors l'état politique de l'Italie. Deux dynasties nouvelles s'étaient implantées, l'une au nord, l'autre au midi : c'étaient les Sforza et les Aragon. Le duc de Ferrare, Borso d'Este, plus récemment arrivé au pouvoir, avait su obtenir de l'empereur Frédéric III l'érection de la seigneurie de Modène et de Reggio en duché, et il était, par ce seul fait, devenu l'égal des autres princes italiens. Les Gonzague continuaient de gouverner le marquisat de Mantoue, et le duc de Montferrat, Amédée VIII, ajoutant

à son titre celui de duc de Savoie, affermissait la puissance de sa maison et se faisait le gardien de l'Italie du côté des Alpes. Venise obéissait au terrible Conseil des dix, dont les arrêts ne respectaient pas même le doge, ce premier magistrat de la république ; Florence devenait l'apanage des Médicis ; Gênes enfin se courbait sous la tyrannie des bourgeois intrigants et ambitieux qui étaient assez riches pour acheter la dignité suprême.

Rome, de son côté, présentait sous de brillants dehors un aspect bien triste, qu'on ne pouvait envisager que comme un signe de décadence prochaine. Les mœurs étaient à ce point corrompues, qu'un cardinal ne craignait pas de pousser la simonie jusqu'à acheter un conclave tout entier pour se faire porter au trône pontifical : Roderigo Borgia devenait pape sous le nom d'Alexandre VI.

Une voix s'éleva alors du sein de l'Italie et fit entendre aux peuples un avertissement, qui, venu plus tôt, eût pu peut-être la sauver. Jérôme Savonarole, moine profondément versé dans les sciences canoniques et de mœurs irréprochables, prêcha la réforme à Florence ; du haut de la chaire, convertie en tribune, il tonna surtout contre la cour de Rome, à laquelle il reprocha, dans les termes les plus énergiques, ses abus de pouvoir, ses dérèglements et ses intrigues. Il chercha à ranimer par ses prédications enthousiastes le sentiment de l'indépendance, qui semblait mort dans le cœur des Florentins. Mais ses efforts ne purent aboutir à les convaincre, et le « précurseur du protestantisme » prédit à cette population, indifférente au souvenir de la liberté, l'approche des plus grands malheurs. Quelle prophétie plus vraie que ces paroles, qu'il adressa un jour au peuple : « Le temps est arrivé ; un homme viendra qui envahira l'Italie, en quelques semaines, sans même tirer l'épée. Comme autrefois Cyrus, il passera les monts, et les rochers et les forts tomberont devant lui. »

Cet envahisseur, qu'annonçait Savonarole, c'était un des descendants des Franks, autrefois maîtres de l'Italie ; c'était le roi Charles VIII.

Trop occupée depuis Charlemagne à se constituer elle-même en royaume indépendant, tourmentée à l'intérieur par la féodalité, à l'extérieur par les prétentions des peuples voisins et surtout des Anglais, la France, n'avait pas eu le temps de s'immiscer dans les affaires de la péninsule. A peine si, du vivant de Saint-Louis, elle s'était aperçue que la maison d'Anjou devenait souveraine du royaume de Naples.

Mais à présent, la situation était toute différente. Ce n'était plus le temps des discordes intestines, de l'anarchie et de la faiblesse dans le gouvernement. Charles VIII, « ardent, inconsidéré, avide de bruit et de mouvement, ne connaissant du passé que les batailles d'Alexandre et de César [1] » ne pouvait rester sourd à la voix des événements, qui l'appelait en Italie. « L'Italie elle-même, dit Burette, semblait aller au-devant de l'invasion. Les barons napolitains, opprimés par leur roi Ferdinand, appelaient la domination française à grands cris. Ceux de Rome, qui s'étaient donné le surnom insolent de menottes du pape, étaient d'avance au premier conquérant qui les délivrerait de la tyrannie des Borgia. La Savoie était à moitié française depuis Louis XI et Charles le Téméraire. Gênes eût appartenu déjà à la France, si Louis XI l'avait voulu. Le Sénat de Venise, sondé par les ambassadeurs de Charles VIII, avait répondu que « plutôt ils lui aideraient qu'ils ne lui feraient ennui. » Enfin le maître actuel de Milan, menacé par le roi de Naples, qui prenait en main la cause de son gendre, Jean-Marie Galéas, le véritable héritier légitime du duché, Ludovic le More, songeait à lui opposer le roi de France. Sans s'inquiéter s'il aurait ensuite à rendre compte de la succession des Visconti au duc d'Orléans [2], et préoccupé seulement de ses terreurs du jour, Ludovic s'agitait pour donner à son usurpation l'appui des armes françaises, qui devaient le renverser quelques années plus tard. Il attachait tant d'importance à cette intervention de l'étranger, qu'il avait séduit tout exprès de Vesc et Briçonnet, les deux favoris de Charles VIII, et ce qui peut-être leur influence qui détermina plus que tout le reste l'expédition des Français en Italie. »

Laissant les rênes du gouvernement entre les mains d'Anne de Beaujeu, le roi rassembla son armée. On était alors en 1492. L'argent manquait ; les banquiers de Gênes

---

1. Burette.
2. Louis d'Orléans avait des droits sur le duché de Milan, ce pays ayant appartenu à la famille de Valentine de Milan, sa grand'mère.

et de Milan avancèrent les sommes nécessaires, à 56 pour cent d'intérêt et à quatre mois d'échéance. Charles, en attendant que les préparatifs fussent terminés, s'était établi à Lyon, où « il s'ébattait à plaisir parmi les princes et gentilshommes, menant joyeuse vie à faire joustes et tournois chaque jour, et au soir, danses et ballet avec les dames du lieu, qui sont voulontiers belles et de bonne grâce[1]. » Le 29 août 1494, l'armée quitta Grenoble. Forte de vingt-cinq à trente mille hommes, elle comptait dans ses rangs six mille hallebardiers ou *hérissons* suisses, quinze cents archers français, et six mille arquebusiers gascons, « la plupart gens de sac et de corde, fort marqués de la fleur de lis sur l'épaule, d'ailleurs habitués à la pendarde, portant chemises longues qui leur duraient plus de trois mois sans changer; montrant poitrine velue, pelue, et, à travers leurs chausses bigarrées et déchiquetées, la chair de leurs cuisses.... [1] » Mais ce qui surtout faisait la force de cette armée, c'était l'artillerie. Cent cinquante gros canons en fonte suivaient les troupes, sans compter un nombre considérable de pièces de montagne, remarquables par la légèreté des affûts et la grandeur des roues, et que les Français maniaient avec une prestesse sans égale. « A ces terribles soldats, à cette artillerie si leste qui suivait toutes les évolutions de l'infanterie et même de la cavalerie, les Italiens n'avaient guère rien à opposer avec leurs lourds canons traînés par des bœufs, leurs troupes insignifiantes de *Condottieri*, guerriers timides et vantards, qui, à défaut de bravoure, cherchaient à inspirer la terreur par les surnoms formidables qu'ils se donnaient : *Fracassa*, *Taglia-Costa*, *Braccio di Ferro*. »

L'expédition de Charles VIII, comme pour donner raison à la prédiction de Savonarole, ressemblait assez à une promenade. Sans qu'il fût besoin de tirer l'épée, les villes se rendaient, les populations accouraient au-devant du roi, joyeuses et empressées, prêtes à saluer celui qu'elles regardaient comme leur libérateur. A Turin, ce fut la duchesse Blanche de Savoie elle-même qui vint recevoir Charles; à Casal, la marquise de Montferrat; à Asti, Ludovic le More. Les troupes n'avaient point à se plaindre de la facilité avec laquelle s'effectuaient leurs conquêtes; elles y trouvaient tout profit. Lors de leur départ, « toutes choses nécessaires leur défaillaient; le roi, qui ne faisait que saillir du nid, jeune d'âge, faible de corps et plein de son vouloir, était peu accompagné de sages gens, ne de bons chefs, et n'avait nul argent comptant. Ils n'avaient ne tentes, ne pavillons, et si commencèrent en hiver à entrer en Lombardie ! Une chose avaient-ils bonne, c'était une gaillarde compagnie, pleine de jeunes gentilshommes, mais en peu d'obéissance; ainsi faut conclure que ce voyage fut conduit de Dieu, tant il falla qu'au retourner: car le sens des conducteurs que j'ay dit n'y servit de guère[3]. »

Après être resté malade durant quelques jours à Asti, Charles VIII fit son entrée à Pavie, le 10 octobre, et s'avança vers la Toscane. Pietra-Santa, Sazzane et Savizano essayèrent de barrer le chemin aux troupes françaises. Vains efforts ! A Savizano, tout ce qui tenta de résister fut massacré. Les Suisses, lancés sur un corps de trois cents cavaliers qui venaient au secours de Sarzane, l'enfoncèrent d'un seul choc. Les conditions les plus dures furent imposées aux vaincus : « l'usage des rançons était tombé; les prisonniers, étant mis au butin commun, ne valaient que leur vie au sous; on les tuait par goût et pour s'en débarrasser[4]. » Le sort de Sarzane et de Savizano ne contribua pas peu à rendre les autres villes plus faciles à composer : Pise et Livourne remirent leurs citadelles aux mains du roi.

Bientôt, Charles VIII entra dans Florence, à la tête de son armée, suivi d'un cortège magnifique, et portant sa lance appuyée sur la cuisse, ce qui signifiait, dans les idées du temps, que Florence lui appartenait par droit de conquête. L'appareil belliqueux dont s'entourait le roi n'en imposa point au peuple. Lorsque Charles voulut parler en maître et dicter ses conditions, il s'aperçut que ceux à qui il avait affaire n'étaient pas encore des vaincus. « Faites, si vous voulez, sonner vos trompes, répondit l'un des négociateurs de la république, le gonfalonier Pierre Capponi; quant à nous, nous ferons sonner nos cloches. » Le roi se radoucit, et les Florentins en furent quittes pour un subside de 120,000 ducats.

Avant de marcher définitivement sur le royaume de Na-

ples, Charles VIII se dirigea vers Rome. Les cardinaux, mécontents des Borgia, appelaient de tous leurs vœux les Français, qu'encourageait encore de son côté Savonarole. Alexandre VI crut devoir employer les grands moyens et menaça le roi de l'excommunier; mais il avait affaire à forte partie : Charles VIII parla d'assembler un concile général et de faire déposer le pape. Celui-ci, comprenant que l'avantage n'était pas de son côté, courut se réfugier derrière les batteries du château Saint-Ange, et laissa le roi entrer dans Rome à la lueur des flambeaux, avec toutes ses troupes et son artillerie. Le roi eut d'abord la pensée de donner suite à ses projets et de faire déposer le pape; mais il céda aux instigations de l'évêque de Saint-Malo, Briçonnet, et signa avec le pontife un traité de paix. Alexandre VI dut abandonner au roi, pour un temps fixé, trois de ses places fortes, Spolète, Terracine et Civita-Vecchia, donner en otage son fils César Borgia, et livrer à Charles VII le frère de Bazazet II, Zizim, qui était venu chercher à Rome un refuge contre les mauvaises intentions du Sultan. Briçonnet fut créé cardinal.

Le traité, du côté du pape, n'était rien moins que sincère : le roi n'eut pas plutôt quitté Rome, qu'Alexandre chercha le moyen de se soustraire aux conditions que la force lui avait imposées. Séduit par les 300,000 ducats que lui promettait Bazazet pour le délivrer de son rival, il fit empoisonner secrètement l'infortuné Zizim, tandis que César Borgia s'échappait du camp français sous une livrée de palefrenier. Les nouvelles qui arrivèrent en ce moment de Naples empêchèrent Charles de retourner sur ses pas et de faire payer au pape la trahison dont il venait de se rendre coupable en appelant à lui le roi d'Aragon. L'armée française précipita sa marche vers Naples. Alphonse VI n'attendit pas que les troupes fussent sous les murs de sa capitale : il abandonna le trône à son fils Ferdinand et courut se renfermer au couvent des Olivétans, dans une ville de la Sicile. « Ferdinand essaya d'arrêter ses ennemis. Il vint se poster, avec cinquante escadrons et six mille fantassins, au milieu du défilé de San-Germano, où la route, encaissée entre des bois, de hautes montagnes et des marais, était défendue par trois châteaux, et coupée par le Garigliano. Ferdinand avait juré de s'y défendre jusqu'à la mort. Cependant l'armée française arrivait en désordre; les hommes d'armes cheminaient sur leurs courtauds, en vestes du matin et en pantoufles garnies d'un éperon de bois, et s'écartant pour piller de droite et de gauche. On commençait à se serrer en approchant le San-Germano, quand les coureurs de Louis d'Armagnac, comte de Guise, qui marchait à l'avant-garde avec deux mille fantassins et trois cents lances, vinrent annoncer tout à coup que le défilé avait été abandonné. Une terreur panique s'était emparée du camp de Ferdinand. Tout avait été fait à l'aventure, avec une telle précipitation que huit pièces d'artillerie avaient été laissées sur le chemin. Le milanais Jean-Jacques Trivulce, un des plus braves généraux de Ferdinand, vient tout armé trouver Charles VIII à Calvi, et lui ouvre les portes de Capoue. L'infortuné roi, rentré dans sa capitale, y trouva le peuple soulevé et tout prêt à recevoir les Français. » Réduit à s'enfermer dans le Château-Neuf, Ferdinand parvient à s'échapper dans une galère et à gagner Ischia, tandis que les Français entrent à Naples en triomphateurs.

Six semaines s'étaient à peine écoulées depuis la conquête, lorsqu'une lettre de Comines vint tout à coup troubler la tranquillité de Charles VIII. « Ce gentil roi ne songeait qu'à donner aux seigneurs et aux dames force beaux plaisirs et passe-temps, et de beaux tournois à la mode de France[1]. » Ses ennemis, cependant, profitaient de son inaction pour se liguer contre lui. Ludovic le More, Maximilien, cet Allemand qui se faisait appeler le roi de Rome, Ferdinand le catholique, la république de Venise, le pape enfin, réunissaient leurs forces pour chasser les Français de l'Italie. On nourrissait même le dessein de leur fermer la route de la France et de les écraser jusqu'au dernier. Mais Charles VIII savait, le moment venu, prendre une résolution. « S'il y a rien qui branle, a dit Brantôme, me voici prest avec mes armes et mes gens pour charger et fouldroyer tout. » Le mot retourne toute la politique du roi. Profitant de l'avis de son ambassadeur près la sérénissime république, il rassembla son conseil et prit le parti de quitter Naples, dont, huit jours auparavant, il s'était fait couronner roi.

L'armée de la ligue, forte de quarante mille hommes, s'assemblait à Parme. Charles se rendit à Rome et trouva

1. Mém. de Bayard.
2. Paul Jove.
3. Comines.
4. De Ségur. Hist. de Charles VIII.

1. Brantôme.

la ville abandonnée par Alexandre VI. Il se dirigea alors sur la Toscane, entra (18 juin 1495) à Sienne, renforça en passant la garnison de cette ville, ainsi que celle de Pise, et se hâta d'atteindre les Apennins. Malgré des difficultés presque insurmontables, les troupes franchirent heureusement le mont Croce et purent se réunir près du village de Fornovo (Fornoue), situé sur les rives du Taro, d'où l'on voyait se développer l'armée des alliés. Un combat acharné eut lieu le 6 juillet. Le marquis de Mantoue, qui commandait les troupes ennemies, avait à dessein laissé l'avant-garde française traverser tranquillement la rivière. Lorsqu'il jugea le moment favorable, il tomba sur notre arrière-garde et s'efforça de la culbuter; mais « elle fit sur-le-champ volte-face et soutint le choc avec une fermeté incroyable. Dans une circonstance si grave, le roi donna ordre immédiatement au corps de bataille de rétrograder et de se porter en toute hâte au secours de l'arrière-garde. Impatient lui-même et emporté par son ardeur, il prend les devants, accompagné seulement d'un escadron d'élite, et arrive sur le champ de bataille. Le choc fut terrible ; on combattit de leur côté avec un acharnement difficile à décrire. » Le roi manqua d'être fait prisonnier; la vue du péril qui menaçait Charles enflamma les troupes et décida de la victoire. Trop faible pour soutenir seul la *furia fran- cese*, le marquis de Mantoue, après un combat d'une heure, fut repoussé et prit la fuite. Les pertes des Italiens s'éle- vaient à trois mille cinq cents hommes, les nôtres seule- ment à deux cents [1]. On eût pu profiter de cet avantage pour attaquer les fuyards dans leur retraite; on préféra entamer des négociations qui aboutirent au traité de Ver- ceil, signé le 10 octobre 1495, entre le roi de France et le duc de Milan : « Par ce traité de paix, le duc renonçait à l'alliance du roi de Naples et à celle de Venise, si cette puissance n'adhérait pas à la paix avant deux mois ; il re- connaissait la suzeraineté de Charles sur Gênes, et lui pro- mettait le passage pour retourner à Naples avec son armée; du côté de la France, le traité stipulait l'évacuation et la reddition au duc de la place de Novare, dont la garnison française était en proie aux maladies et à la plus horrible famine [2]. » Enfin, Charles VIII quitta l'Italie le 24 octobre, et arriva à Lyon le 17 novembre, remerciant Dieu « de la grâce d'avoir parachevé son entreprise avec si grand hon- neur. »

Charles VIII n'eut pas plutôt remis le pied sur la terre de France, que Ferdinand d'Aragon s'empara de Reggio, avec l'aide de Gonzalve de Cordoue, et rentra dans Naples, son ancienne capitale. Le comte de Montpensier, vice-roi pour la France, se retira avec sa garnison à Salerne, puis, de là, dans la petite ville d'Attella, où il fut assiégé et forcé de capituler. Les principales places, Monopoli, Trazzi, Brindes, Otrante, avaient été occupées par les troupes de Ferdinand. Tarente, Venosa, Gaëte, tenaient encore; mais leurs garnisons ne tardèrent pas à être décimées par la fièvre, qui emporta aussi le comte de Montpensier (5 octobre 1496).

Le 7 septembre de la même année, Ferdinand mourut, laissant à son oncle Frédéric la couronne de Naples. La France, de son côté, venait de perdre son roi : en l'ab- sence d'héritiers directs, ce fut le duc d'Orléans, autrement Louis XII, qui le remplaça sur le trône.

Nous allons voir, sous le règne de ce prince, les affaires d'Italie prendre un nouvel essor.

V.

Campagne de Louis XII. — Conquête du Milanais. — Les papes Jules II et Léon X. — Résultats de la lutte.

Louis XII, à peine monté sur le trône, n'eut rien de plus pressé que de revendiquer les droits qu'il tenait du chef de Valentine sur l'héritage des Visconti. Il commença par ajouter à son titre de roi de France ceux de duc de Milan et de roi des Deux-Siciles et de Jérusalem. Puis il s'occupa des préparatifs indispensables pour l'expédition qu'il médi- dait.

1. Sismondi.
2. N. Gallois. *Les armées françaises en Italie.*

Tandis qu'il attirait à lui les Borgia, en donnant à César le duché de Valentinois, et les Vénitiens, en leur promet- tant toute la rive gauche de l'Adda et le Crémonois; une armée de vingt mille hommes environ, tant cavaliers que fantassins, se réunissait à Lyon sous les ordres de Jacques Trivulce, du comte de Ligny, Louis de Luxembourg, et de d'Aubigny.

L'expédition commença au mois d'août. Tandis que les Vénitiens attaquaient de leur côté Caravoggio et s'avan- çaient jusqu'à Lodi, les Français se dirigèrent sur Milan. Ils commencèrent par prendre le château d'Arazzo, situé sur le Tanaro, en face d'Annone ; puis ce fut le tour de cette forteresse, dont la garnison, au nombre de sept cents hommes, fut passée au fil de l'épée. Tout le pays transpadan, Valenza, Busignano, Voghera, Castelnuova, Ponto-Corone et Tortone, se rendit aussitôt aux troupes royales. Le condot- tière Galéas San Severino, voyant la tournure que prenaient les choses, abandonna de nuit son armée et se réfugia dans Alexandrie. On était à peine à la fin d'août, lorsque les Français entrèrent dans cette ville, d'où ils ne sortirent que pour aller mettre le siège devant Mortara. La reddition spontanée de Pavie fut un succès de plus et le duc Sforza, voyant sa cause perdue, évacua Milan, qui fut aussitôt oc- cupée par l'armée française.

Louis XII était resté à Lyon. A la nouvelle de cette ra- pide conquête, il s'empressa de traverser les Alpes pour en faire son entrée dans la capitale du Milanais. Son séjour dans Milan fut de courte durée; il rentra en France, lais- sant Trivulce gouverneur du pays conquis.

L'événement montra tout ce que ce choix avait de mau- vais. Les Milanais, promptement fatigués du joug que leur faisait supporter leur nouveau gouverneur, se révoltèrent sourdement, et peut-être les Français eussent-ils perdu en ce moment même tous les avantages remportés dans la campagne précédente, si Louis XII n'eût aussitôt envoyé au secours de la garnison six mille fantassins et dix mille Suisses, commandés par La Trémouille. Ludovic le More, qui s'était réfugié auprès du roi des Romains, Maximilien, et qui était parvenu à lever un corps de dix mille Suisses, venait de rentrer dans Milan. La prise de Novare lui fit d'abord concevoir l'espérance de chasser les Français de son territoire. Mais il ne put barrer le chemin à La Tré- mouille, qui se fortifia entre Novare et le Tessin. Un second engagement, plus important que le premier, eut lieu à Novare. Ludovic forcé de s'enfermer dans cette place, qu'il assiégeait quelques jours auparavant, se vit abandonner par les Suisses unis aux mains des Français. Il fut envoyé en France et mourut prisonnier au château de Loches. Trivulce fut remplacé dans le gouvernement du Milanais par le cardinal George d'Amboise, dont la modération fit oublier les abus de pouvoir de son prédécesseur.

Les Suisses se retirèrent dans leur pays et s'emparèrent, chemin faisant, de Bellinzona, place importante qu'ils gar- dèrent désormais, afin de se ménager une entrée sur le ter- ritoire italien.

Louis XII se trouvait, une seconde fois, maître du Mila- nais. Il était tout naturel qu'il reportât alors ses regards vers le royaume de Naples et qu'il songeât à recommencer l'expédition de Charles VIII. Il n'eut garde toutefois d'ou- blier les promesses qu'il avait faites à Alexandre VI et au duc de Valentinois : tous deux reçurent les secours qui leur étaient nécessaires, pour soumettre la Romagne et dompter les petits tyrans qui essayaient d'y implanter leur autorité. Florence, comme les Borgia, obtint de Louis XII des ren- forts destinés à ramener les Pisans sous la domination flo- rentine. Mais ce projet ne put être mené à bonne fin, Pise ayant su détourner le danger qui menaçait son indépen- dance.

Un traité secret, signé à Grenade le 11 novembre 1500 assurait à Louis XII l'alliance du roi d'Espagne : le roi de France, aux termes de ce traité, prenait, avec le titre de roi de Naples, la terre de Labour, les duchés de Pouille et de Calabre; Ferdinand recevait en partage les duchés de Pouille et de Calabre.

Lorsque le roi de Naples vit s'avancer l'armée française, commandée par d'Aubigny, il espéra d'abord pouvoir lui opposer un corps d'armée espagnole, qui venait de débar- quer en Calabre sous les ordres de Gonzalve de Cordoue. Mais il apprit bientôt la trahison de Ferdinand d'Espagne et n'eut plus qu'à livrer aux Français les villes de Naples et de Gaëte; Capoue était déjà au pouvoir des étrangers. Le malheureux roi de Naples fut envoyé comme prisonnier en France, et ses États se partagèrent, ainsi qu'il avait été con- venu, entre Louis XII et Ferdinand d'Espagne. Avec Frédéric de Naples, s'éteignit en Italie la domination de la famille d'Aragon.

Les Français et les Espagnols ne demeurèrent pas longtemps en bonne alliance. La possession commune du royaume de Naples devait, on le sent, amener tôt ou tard, des contestations entre leurs rois. Louis XII avait confié la vice-royauté au duc de Nemours ; Gonzalve de Cordoue représentait Ferdinand le catholique. Les deux vice-rois, n'ayant pu s'entendre au sujet d'un impôt, en vinrent aux mains à Atripalda, dans la Basilicate. Les Espagnols furent chassés de la Calabre et acculés jusque dans Barlette (1502). Nemours, trop faible pour investir cette place, assiégea Canosa, mais ne put venir à bout de la réduire. Il prit le parti de diviser ses troupes, afin d'empêcher toute tentative d'attaque du côté des Espagnols, et, peu de temps après, suspendit les hostilités, en attendant le résultat des négociations pendantes entre l'Espagne et la France.

Ces négociations ne tournèrent pas au profit de la France. Louis XII n'avait point épargné sa protection aux Borgia ; grâce à lui, ils avaient assis leur autorité politique dans la Romagne ; ils usèrent de leur puissance contre celui qui la leur avait donnée. Louis XII, cédant aux réclamations qui de tous côtés lui venaient touchant les crimes du duc de Valentinois, voulut sévir contre lui. Mais César trouva le moyen de désarmer la colère du roi et de se ménager auprès de lui l'appui du cardinal d'Amboise, qui nourrissait de secrètes prétentions au trône pontifical ; en même temps, le fils d'Alexandre VI entra en négociations avec le roi d'Espagne, se préparant à se mettre du côté de Ferdinand, dès que l'alliance française viendrait à lui manquer.

Les armes françaises, cependant, commençaient à éprouver des revers. Nemours se rendait antipathique aux populations. Barlette, vigoureusement assiégée, résistait aux efforts du sire de La Palisse et du brave Bayard. La garnison française de Castellaneta tombait entre les mains des troupes de Gonzalve. La Palisse était fait prisonnier à Ruvo ; enfin, d'Aubigny, vainqueur à Terranuova, perdait la bataille de Seminara, et, peu de temps après, se voyait forcé de rendre la place d'Angitola, où il avait trouvé un refuge, lors de sa défaite.

La mort d'Alexandre VI (1503) laissa en ce moment le saint-siège vacant. Le cardinal d'Amboise ne put réussir à s'y faire porter ; ce fut un vieillard, nommé Pie III, qui réunit le plus grand nombre de suffrages. Son pontificat, il est vrai, ne dura que vingt-huit jours, et fut suivi de nouvelles élections. Le successeur de Pie III fut le cardinal Julien de la Rovère, qui prit le nom de Jules II.

Gonzalve, cependant, faisait éprouver à nos armes un échec des plus graves. Après un combat acharné, livré près de Cérignoles, combat où périrent Nemours et Chaudieu, il força nos troupes à se retirer en désordre sur Gaëte et alla mettre le siège devant Naples. Malgré la belle défense de Pedro Navarro, un mois et demi suffit au lieutenant de Ferdinand pour réduire les châteaux-forts qui protégeaient la ville. Le 14 mai nous vit perdre de nouveau notre conquête d'Italie.

Louis XII n'était pas d'humeur à laisser échapper ainsi ce qu'il avait eu tant de mal à conquérir. Trois armées furent aussitôt mises sur pied en France ; tandis que deux d'entre elles allaient lutter contre l'Espagne, l'autre, conduite par La Trémouille, s'apprêtait à reprendre le Milanais. Malheureusement, ce général n'était plutôt entré en Toscane, qu'il tomba malade. Ses successeurs, les marquis de Mantoue et de Saluces ne surent pas profiter de la position désavantageuse où se trouvait alors Gonzalve sur les bords du Garigliano. Au lieu de l'attaquer immédiatement, ils temporisèrent, ce qui permit au général espagnol de réunir quelques renforts et de prendre l'offensive. Yves d'Allègre, qui, lors du désastre de Cérignoles, était parvenu à rallier les débris de nos troupes et à les ramener par Capoue et Saessa, fut culbuté avec toute sa cavalerie par le corps de bataille de Gonzalve, et fut contraint à se retirer, cette fois encore, sur Gaëte. Poursuivis par les Espagnols, les Français ne purent même défendre cette dernière ville, et, le 1er janvier 1504, Gonzalve y fit son entrée.

La bataille de Garigliano, si fatale pour nous, fut suivie d'une trêve de trois mois, conclue à Lyon, le 11 février ; la principale condition était l'abandon des Deux-Siciles par la France, au profit de l'Espagne. Louis XII renonçait par là à ses prétentions sur le royaume de Naples ; mais il comptait bien prendre sa revanche, et, en attendant que les circonstances lui devinssent favorables, il se jeta dans les manœuvres de la diplomatie. Un mariage fut convenu entre Charles d'Autriche, qui devint plus tard Charles-

Quint, et la fille de Louis XII et d'Anne de Bretagne, madame Claude de France. Le traité de Blois portait la transmission à cette princesse, par hérédité, de tous les droits de la France sur le royaume de Naples et le duché de Milan.

Le traité de Blois (22 septembre 1504) fut suivi d'événements importants pour la France. Jules II, homme de grands talents politiques et d'humeur belliqueuse, avait trouvé, à son avènement, les villes de Rimini et de Faenza occupées par les Vénitiens. Il résolut de les en chasser et de s'emparer des principautés de Pérouse et de Bologne. Aidé par Louis XII, il parvint en effet à se rendre maître du Bolonais, dont il chassa les Bentivoglio.

Jules II suivit alors la politique traditionnelle des papes. Il contint les Français et les Espagnols en les opposant les uns aux autres, et en leur suscitant des embarras au moment où les circonstances paraissaient se prononcer en leur faveur. C'est ainsi que Gênes, secrètement excitée à la révolte contre le roi, ayant attaqué sans sa permission le territoire de Monaco, Louis XII se vit forcé de traiter les Génois en ennemis. Tandis qu'Yves d'Allègre faisait lever le siège de Monaco, Chaumont, gouverneur du Milanais, se porta sur Gênes et fit bombarder la ville par ses troupes. Les Génois, exaspérés, cessèrent alors de reconnaître l'autorité de Louis XII, qui se vit contraint de marcher lui-même à la tête d'une nombreuse armée pour réduire les rebelles. Les Français, s'étant rendus maîtres du fort de la Lanterne, entrèrent à Gênes et forcèrent la ville à rentrer dans le devoir. Louis XII fit pendre soixante-neuf Génois, pour l'exemple, et décapiter le doge Paul de Novi. En même temps, il imposa aux Génois les conditions les plus dures et déclara leur pays, ainsi que la Corse et l'île de Chio, annexé au royaume de France.

Jules II, en présence de ce succès, ne trouva rien de mieux à faire que de susciter au roi de nouveaux embarras dans la personne de Maximilien d'Autriche, à qui il offrit la couronne d'Italie. Mais les Vénitiens empêchèrent l'empereur de passer les Alpes et firent échouer de cette manière les desseins du pape.

Le mécontentement de Jules II se tourna tout aussitôt contre Venise, et, à son instigation, fut conclu le traité de Cambrai, qui réunissait dans la même ligue contre la sérénissime république, Maximilien, Ferdinand le Catholique, Louis XII et le pontife lui-même. Ce dernier n'avait guère à sa disposition que les armes de l'Eglise : il en usa, en lançant sur les malheureux Vénitiens une bulle d'excommunication.

Louis XII franchit les Alpes, passa l'Adda sur des ponts improvisés et se jeta entre les deux corps d'armée des Vénitiens, commandés par Pitigliano et Alviano. La bataille d'Agnadel ou de Vaila (14 mai 1509), gagnée sur ce dernier par le roi lui-même, ouvrit aux Français les portes des principales villes de la république : Caravaggio, Peschiera, Bergame, Brescia, Crême, Crémone, puis les places de Pizzighitone, Vérone, Vicence et Padoue, tombèrent successivement entre les mains des vainqueurs.

Le pape, voyant la lutte bien engagée, en profita pour faire attaquer par son neveu, le duc d'Urbin, les places qu'il convoitait, Rimini, Gallipoli, Faenza et Otranto. Enhardi par la prise de ces villes, il porta plus loin ses regards et réclama, sur le duc de Ferrare, Modène et Reggio, qui avaient autrefois appartenu à l'Eglise. Bientôt, démasquant ses projets, il changea complètement de batterie. L'influence sans cesse grandissante des Français lui inspirait des craintes : il chercha à dissoudre la ligue de Cambrai, dont il avait été l'instigateur. Il espérait amener Maximilien et Ferdinand à former une nouvelle ligue, non plus contre Venise, qu'il venait d'absoudre (2 février 1510), mais contre Louis XII. Il alla jusqu'à solliciter, pour arriver à ses fins, l'alliance du roi d'Angleterre, Henri VIII ; on comprend que, d'autre part, il eut soin d'exciter les Génois à la révolte, et que les Suisses furent bien accueillis, lorsqu'ils s'engagèrent à mettre six mille hommes à la disposition du pontife.

Louis XII ne fut pas longtemps à s'apercevoir de la coalition qui se formait contre lui. Il s'apprêta à y résister de son mieux. Tandis que Chaumont s'avançait contre le pape, que Bologne révoltée rappelait les Bentivoglio et que Trivulce culbutait le duc d'Urbin au pont de Casalecchio sur le Reno, Louis XII et Maximilien convoquaient un concile à Pise, afin de faire déposer le pontife.

Jules II profita de la faute de ses adversaires, qui transportaient précisément la lutte sur le terrain le plus favorable au chef de l'Eglise. On l'attaquait par les armes spirituelles : il répondit de la même manière, et convoqua à Saint-Jeande-Latran un autre concile, chargé de défaire ce qu'aurait fait le premier. Celui-ci, malheureusement, n'eut, à cause du petit nombre de prélats qui s'y rendirent, aucun caractère sérieux, et le pape put, tout à son aise, lancer des bulles contre l'armée française et en excommunier les principaux chefs.

La guerre, on le voit, était maintenant toute entre le saint-père et le roi de France. Louis XII, grâce au courage et à l'habileté du jeune Gaston de Foix, résista victorieusement aux attaques de son adversaire.

Jules II et Ramon de Cardone tenaient assiégées les villes de Bologne et de Brescia. Puissamment secondé par le brave Bayard, qui fut blessé à l'épaule sous les murs de la dernière, Gaston se rend maître de ces deux places et force l'ennemi à se retirer après des pertes considérables. Vient ensuite le tour de Ravenne. Gaston s'avance par les plaines jusque sous les murs de cette ville. Repoussées dans un premier assaut, les troupes françaises y entrèrent vers le milieu du mois d'avril ; mais ce ne fut qu'après une sanglante bataille, qui coûta la vie aux meilleurs capitaines de Louis XII. Au point que le roi, en apprenant la nouvelle de la victoire, ne put retenir ses larmes et s'écria : « Plût à Dieu que j'eusse perdu l'Italie, et que Gaston et les autres qui sont morts à Ravenne vécussent encore ! »

Cette victoire, si chèrement achetée, amena la capitulation de Ravenne, bientôt suivie de la soumission d'Imola, de Forli, de Césène, de Rimini, et enfin de toute la Romagne.

Jules II était sur le point de traiter, lorsqu'il se ravisa tout à coup, détermina les princes qui faisaient partie de la *sainte ligue* à se réunir à lui pour détruire la domination française en Italie, et lança vingt mille Suisses contre La Palisse, qui venait de prendre le commandement, après la mort de Gaston de Foix. Le nouveau général en chef fut forcé d'évacuer Milan et d'opérer sa retraite vers la France, après avoir laissé garnison dans quelques places fortes de la Romagne : de ce nombre étaient Gênes, Brescia, Peschiera, Ravenne, Crême et Legnano. Ces dernières places, attaquées par les Espagnols, après le départ de nos troupes, et se trouvant trop faibles pour résister, furent forcées de capituler, tandis que Gênes proclamait son indépendance et se donnait un doge.

Sur ces entrefaites, Jules II mourut, au moment où, se réjouissant du départ des Français, il rêvait de réunir dans sa main les rênes du pouvoir temporel imposé par lui à toute l'Italie. (21 février 1513.)

Son successeur Jean de Médicis, qui prit le nom de Léon X, était loin d'avoir ses idées aussi portées vers la guerre ; cependant, il suivit d'abord la route tracée par Jules II et resserra l'alliance qui unissait au saint-siège Ferdinand-le-Catholique, Maximilien et Henri VIII d'Angleterre. Ce que voyant, Louis XII s'empressa de traiter avec les Vénitiens qui convoitaient la possession de la Ghiara d'Adda et du Crémonais, et qui ne demandaient pas mieux que de se venger du gouvernement pontifical.

Cette alliance ne fut pas heureuse. La Trémouille avait pris le commandement de l'armée royale. Pendant que le Vénitien Alviano s'occupait de tenir tête à don Ramon de Cardone, les Français faisaient leur entrée à Alexandrie, à Tortone, à Voghera, Valeggio, Sontino, Brescia, Peschiera, Crémone, Lodi. Une imprudence de La Trémouille l'arrêta au milieu de ses succès. Campé devant Novare, entre la Riotta et Trécase, il crut inutile de fortifier son camp, fut attaqué par des forces supérieures, et dut se retirer après une lutte acharnée, laissant tous ses bagages dans les mains de l'ennemi et, sur le champ de bataille, cinq mille Français et autant de lansquenets allemands. Cette défaite engagea les Génois à faire leur soumission aux vainqueurs, et ils furent imités par les villes qui s'étaient prononcées en notre faveur et nous avaient ouvert leurs portes.

Ce fut au milieu de ces revers, qui entraînaient pour nous la perte de toutes les conquêtes précédemment faites en Italie, qu'arriva la mort de Louis XII. Ce prince succomba à une attaque de dyssenterie, six semaines après son mariage avec la sœur d'Henri VIII, roi d'Angleterre ; il laissait à son successeur une situation assez embarrassante à débrouiller.

VI.

François Ier. — Victoire de Marignan. — L'empereur Charles-Quint.— Bataille de Pavie. — Chute de la Renaissance.

François Ier, « ce gros garçon » qui, au dire de Louis XII,

« devait tout gâter », monta sur le trône le 1er janvier 1515. Il avait alors tout au plus vingt ans. Arrière-petit-fils de Louis d'Orléans, assassiné par le duc de Bourgogne, et de Valentine de Milan, il n'eut garde d'oublier les droits que sa naissance lui conférait sur une partie de l'Italie : aussi annonça-t-il, dès son avénement, l'intention où il était de continuer l'expédition commencée par son prédécesseur ; personne ne s'y trompa en le voyant prendre le titre de duc de Milan.

Son premier soin fut de se garantir l'alliance des Vénitiens, d'amener le pape Léon X à lui promettre de garder la neutralité, de s'assurer la paix du côté de l'Espagne en même temps que le concours des Génois, et de renforcer l'armée que Louis XII, avant de mourir, avait réunie sur la frontière, de manière à ce qu'elle fût toute prête à passer en Italie, lorsqu'il jugerait le moment venu.

Soixante mille hommes, moitié fantassins, moitié cavaliers, et deux cent soixante-douze pièces de canon, parmi lesquelles soixante-douze de gros calibre, tel était l'ensemble des forces de François Ier. Sous les ordres du roi, qui s'était réservé le commandement en chef, se rangeait l'élite de la noblesse française. Charles d'Égmont, duc de Gueldre ; Pierre Navarre, célèbre capitaine basque tombé dans les disgrâces de la cour d'Espagne ; Galiot de Genouillac, La Trémouille, Trivulce, le connétable de Bourbon, Odet de Foix, sire de Lautrec, le bâtard de Savoie oncle de François Ier ; Bayard, le maréchal de Chabannes, de La Palisse, d'Aubigny, le duc de Lorraine, Lubercourt, les comtes de Saint-Pol et de Guise, formaient autour du roi une véritable phalange de preux :

Les préparatifs du départ étaient à peine achevés, lorsque Léon X, se séparant brusquement de la cour du roi, fit marcher ses troupes en avant. Laurent de Médicis, Ramon de Cardone et Prosper Colonna, qui commandaient les différentes troupes destinées à lutter contre nous, s'établirent au pied des Alpes, tout prêts à empêcher l'armée française d'entrer en Italie, et à l'écraser, dès qu'elle aurait franchi les Alpes.

Le passage de François Ier est resté célèbre dans l'histoire ; écoutons Mézeray : « Par-dessus ces effroyables montagnes par lesquelles il faut grimper dans une continuelle frayeur de la mort, par ces endroits horribles non-seulement à passer, mais encore à regarder, les Français font monter leur artillerie et leurs charrois à force de bras et de poulies, les traînant de rocher en rocher avec une peine incroyable et un ardent travail. Les soldats mettaient la main à l'œuvre avec les pionniers : les capitaines ne s'épargnaient pas à remuer, qui la pioche, qui la cognée, à pousser aux roues, et à tirer sur les cordages ; tantôt ils dressaient des esplanades et cassaient de grands rochers, tantôt ils se servaient de ceux qu'ils ne pouvaient briser pour appuyer les cabestans et tirer leurs fardeaux ; en d'autres lieux, ils couvraient les précipices avec de grands arbres qu'ils renversaient de travers, jetant des fascines par-dessus, en telle sorte qu'après quatre ou cinq jours de fatigue, toute l'armée se trouva dans la vallée d'Argentière[1]. »

Grand fut l'étonnement des ennemis, en voyant les Français déboucher comme à l'improviste du haut de la Roche-Sparvière. L'enlèvement de Prosper Colonna, exécuté à Villefranche par La Palisse et Bayard, acheva de troubler leurs plans. Lorsque les Suisses voulurent s'élancer à l'attaque, ils trouvèrent les nôtres tout prêts à leur répondre. « Après deux heures et demie, les Suisses, dit un historien[2], parurent entre trois et quatre heures du soir devant le camp français, fortifié par Pierre Navarre d'une palissade et d'un large fossé, devant lequel étaient rangés les lansquenets. En ce moment, l'Alviane arrivait à franc-étrier de Lodi, où l'attendaient les Vénitiens. Il prit sur-le-champ congé du roi et remonta à cheval pour aller chercher son armée. Sans s'arrêter un moment, les Suisses se précipitèrent sur les lansquenets avec leur rauque et lugubre chant de bataille ; malgré les effroyables décharges de l'artillerie, qui enlevaient des rangs entiers, ils poussèrent les lansquenets au delà du fossé, le passèrent avec eux, et déjà ils s'étaient emparés de quatre pièces de canon, quand survint François Ier avec Fleuranges et les *bandes noires*. Les lansquenets de Fleuranges avaient à tirer vengeance de ce surnom de lièvres armés que les Suisses leur avaient donné après Guinegate ; ils se jetèrent dans la mêlée comme des furieux. Le connétable de Bourbon avait ramassé une pique sur le champ de bataille et chargeait à leur tête. Bientôt on reprit les quatre pièces de canons ; les Suisses furent

---

1. Mézeray.
2. Th. Burette.

rejetés hors du fossé, et le combat se prolongea dans la campagne avec un acharnement et une confusion étranges. La nuit venait, un nuage de poussière masquait la vue, et les combatants, engagés les uns au milieu des autres, distinguaient à peine amis et ennemis ; car les deux partis portaient en signe de ralliement la croix blanche. Ce n'était en quelque sorte que corps à corps que l'on pouvait reconnaître les clefs blanches que les Suisses avaient à l'épaule et sur l'estomac. L'obscurité, devenue complète, interrompit la bataille ; mais chacun, faute de savoir où se trouvait. François passa la nuit à cent pas d'un bataillon suisse, *l'armet en tête et le cul sur la selle*, comme il l'écrivait le lendemain à sa mère. Il prit seulement quelques instants de repos, couché sur l'affût d'un canon. Mais à la pointe du jour il fit sonner sa trompette, dont on connaissait le son dans toute l'armée, et les *bandes noires* se rallièrent autour de lui. Le combat commença aussitôt avec la même rage et dans le même système que la veille. Les Suisses s'acharnaient sur l'artillerie qui les écrasait en vain. Ils firent reculer encore une fois les lansquenets; mais la gendarmerie accourut. Un soldat suisse, qui mettait déjà la main sur un canon pour l'enclouer, tomba percé de coups. Les morts s'entassaient sans résultat. Galiot de Genouillac, le grand maître de l'artillerie, qui dominait tout le combat, dirigeait admirablement ses soixante-douze canons et il portait le ravage dans les rangs des Suisses. Mais ceux-ci se tenaient imperturbablement serrés les uns contre les autres, et leurs carrés de piques demeuraient impénétrables à toutes les charges de la gendarmerie. Enfin, vers les neuf heures du matin, lassés de cette attente meurtrière, les Suisses détachèrent leur arrière-garde, qui s'enfonça dans une vallée creuse pour aller tourner le camp français.

Ce fut là que commença leur déroute. Le détachement rencontra en chemin le duc d'Alençon et Pierre Navarre avec ses Gascons, qui le taillèrent en pièces. Le corps d'armée rétrograda alors du côté de Milan, et dans sa retraite dispersa encore quelques troupes françaises, qui vinrent se jeter dans les premiers rangs de la cavalerie vénitienne. Celle-ci avait marché toute la nuit, et s'avançait aux cris de *Marco! Marco!* « Courage, enfants! cria l'Alviane aux fuyards, revenez avec moi ; la bataille est perdue, je la regagnerai. » Il chargea alors un corps de trois mille Suisses, qui furent massacrés dans les marais et sur les bords du Lambro. On vit passer plus de cinq cent cadavres sous les arches du pont de Marignan. Ce fut les dernières victimes de la journée. François Ier, voyant la bataille gagnée, défendit qu'on inquiétât la retraite des ennemis. Quinze mille Suisses et six mille Vénitiens avaient déjà perdu la vie dans ce sanglant combat. Trivulce, qui avait assisté à toutes les batailles des guerres d'Italie, disait que les autres n'étaient que des jeux d'enfants mais que celle-ci était une bataille de géants. Le fils unique de la Trémouille, mort quelques jours après, y reçut soixante blessures. Le comte de Guise y porta dignement le nom de sa famille, qui paraissait pour la première fois au grand jour. Il fut retiré, après le combat, de dessous un tas de blessés, le corps percé de mille coups, dont il guérit heureusement. Son oncle, le duc de Gueldre, tomba malade de chagrin quand la nouvelle de la bataille lui fut apportée, et faillit mourir à Lyon, où il était déjà. Quant à l'Alviane, il ne reçut aucune blessure à Marignan, mais il était resté vingt-quatre heures à cheval, malgré une descente dont il souffrait cruellement, et la fièvre l'emporta en quelques jours. » Ce fut pendant cette grande bataille, que François Ier, joyeux d'y avoir bravement gagné ses éperons, voulut être armé chevalier par Bayard, que son mérite personnel avait déjà fait surnommer « le chevalier sans peur et sans reproche. »

La bataille de Marignan décida de la conquête du Milanais. Son duc, Maximilien Sforza, alla finir ses jours en France ; Gênes laissa prendre à son doge le titre de gouverneur pour François Ier, et, tandis que les Suisses signaient un traité de *paix perpétuelle*, Léon X, dont toute l'ambition était de pourvoir ses parents, se jeta dans les bras du vainqueur.

Le gouvernement du Milanais fut d'abord confié par le roi au connétable de Bourbon; bientôt après, il passa entre les mains de Lautrec, qui, par son administration rigoureuse, s'aliéna promptement les Lombards. Aussi la paix ne tarda-t-elle pas à être troublée. Léon X, comme tous les papes ses prédécesseurs, craignant que l'accroissement de la domination française ne fût un danger pour l'unité de l'Église, se hâta de contracter alliance avec Charles-Quint, qui venait d'être élu empereur d'Allemagne. Étrange calcul

que celui qui poussait le pontife à repousser un maître avec le secours du seul homme que son intérêt lui commandât de laisser à l'écart !

M. de Lescuns commandait alors dans Milan pour son frère Lautrec. Il ne put empêcher les Milanais de se soulever à la voix de Léon X, manqua d'être pris à Reggio, où il s'était rendu pour déjouer le projet qu'avaient formé les émigrés Milanais de s'emparer de Parme, et ne dut la vie et la liberté qu'à la générosité de Guicciardini, leur commandant. Lautrec, revenu de Paris, où il était allé chercher de l'argent pour solder ses Suisses, ne fut pas plus heureux que son frère. Quelques fautes militaires lui firent perdre promptement les avantages d'une position qui lui eût permis de venir à ément à bout de ses adversaires. Les troupes de Léon X, sous les ordres de Prosper Colonna, s'étaient emparées de Cadiponte (31 août 1521); laissant le duc de Ferrare, notre allié, attaquer Finole et San Félice, elles arrivent au bord de la Lenza, franchissent le Pô, après un mois d'inaction, s'établissent, sous le canon même de Pontevico, à Rebecco, sur l'Oglio, évacuent bientôt cette place, que menace Lautrec, et viennent franchir l'Adda, à Vavrio, sans que le général français, campé à sept milles de là pour pouvoir protéger Milan, s'occupe seulement de leur barrer le passage. Quelques jours plus tard (19 novembre), les alliés entraient par surprise, au milieu de la nuit, dans la capitale du Milanais, abandonnée à Lautrec que le temps de se retirer sur Côme. Indépendamment de Milan, les troupes impériales et pontificales devenaient du même coup maîtresses de Lodi, de Pavie, de Plaisance, de Parme, et de plusieurs autres villes importantes, qui, comme toujours, s'empressèrent, la victoire gagnée, de passer du côté du plus fort.

Certes la situation des Français en Italie ne pouvait guère être plus fâcheuse qu'en ce moment. Elle fut pourtant aggravée encore par la mort de Léon X (1er décembre), auquel succéda Adrien d'Utrecht, ou Adrien VI, ancien précepteur de Charles-Quint. Ce pontife, plein de zèle religieux et d'une grande austérité de mœurs, mais inhabile à la pratique des affaires gouvernementales, s'abandonna tout entier à l'empereur, qui ne demandait qu'à réunir sous son autorité tous les États de l'Italie.

Prosper Colonna, cependant, s'était fortifié dans la position de la Bicoque, qu'il occupait. Lautrec, après avoir rassemblé tout ce qu'il y avait encore en Italie de cavalerie française, se porta contre lui, mais il fut repoussé et dut exécuter sa retraite, tandis que les Suisses l'abandonnaient pour se retirer à Monza avec toute leur artillerie et tous leurs bagages [1].

François Ier, pour résister à la coalition que venaient de former contre lui Adrien VI et Charles-Quint, s'empressa de lever une nouvelle armée, dont il donna le commandement à l'amiral Bonnivet. La défection du connétable de Bourbon retarda l'entrée en campagne du nouveau général. Enfin il franchit les Alpes en septembre 1523, et, malgré les efforts de Prosper Colonna pour l'en empêcher, passa le Tessin, le 14, jour même où mourut Adrien VI.

Un instant, on put espérer que cet événement allait apporter quelque changement dans la situation : il n'en fut rien. Le successeur d'Adrien VI, Clément VII, de la famille de Médicis, continua d'errer dans le système de ses prédécesseurs, système d'irrésolutions qui le conduisit de l'empereur à François Ier, et de celui-ci à Charles-Quint, selon que l'un ou l'autre lui parut redoutable pour le saint-siège.

Bonnivet, après avoir passé le Tessin, se prépara d'abord à attaquer Milan ; c'était la seule chose qu'il eût à faire, et il se fût certainement emparé de cette place, à moitié démantelée, si, mettant à profit les ressources dont il pouvait disposer, il n'eût pas perdu son temps dans un blocus inutile. Il s'occupa en même temps d'envoyer des détachements à Lodi, Monza et Crémone. Sur ces entrefaites, Colonna mourut ; Lannoy le remplaça, marcha sur les Français avec les renforts que lui amena le connétable de Bourbon, battit l'amiral Bonnivet à Biagrasso, et tailla en pièces à Rebecco les troupes du chevalier Bayard. Forcés de se rejeter sur la Sésia, abandonnés encore une fois par les Suisses qui se plaignaient toujours ou de n'être pas payés ou de ne pas recevoir les secours qu'on leur promettait, les Français furent obligés de battre en retraite devant les Impériaux. Bonnivet fut blessé pendant l'exécution de ce mouvement et remit le commandement de l'armée à Bayard, qui protégea la retraite jusqu'au moment où il tomba mortellement

1. Sismondi. — *Hist. des Répub. ital.*

blessé, après avoir vu périr sous ses yeux le frère de La Palisse, M. de Vandenesse. C'était une perte cruelle pour les Français que celle de ce brave Bayard, dont les ennemis eux-mêmes estimaient la valeur, au point de célébrer pendant deux jours un service solennel en son honneur [1]. Bonnivet gagna Ivrée et rentra en France; les quelques villes qui appartenaient encore au roi capitulèrent alors tour à tour, et les alliés se trouvèrent maîtres de Novare, Lodi, Alexandrie, et du château de Crémone (1524).

François Ier ne se découragea pas; rassemblant une nouvelle armée, il franchit les Alpes au mois d'octobre à la tête de quarante mille hommes, devança les Impériaux qui le rejoignirent bientôt, occupa Verceil, pénétra jusque dans Milan, et força l'ennemi à se replier sur Pavie, place devant laquelle il alla mettre le siège. Le pape et les Vénitiens, effrayés des rapides progrès du roi, s'étaient hâtés de conclure avec lui un traité de neutralité, afin de garantir leur territoire.

En même temps qu'il poussait les travaux du siège, le roi crut devoir envoyer, du côté du royaume de Naples, un fort détachement de troupes commandé par le duc d'Albany : « Il affaiblit ainsi son armée, dans un temps où il avait besoin de toutes ses forces. Il se flatta d'abord d'emporter la ville d'assaut; mais Lannoi et Pescaire y avaient jeté l'élite de leurs troupes, et elles étaient commandées par Antoine de Lève, soldat de fortune, et général plein de génie et de ressources. Toutes les attaques des Français furent repoussées. Le roi se détermina à la prendre par famine; mais, pendant qu'il se consumait sous ses murailles, les ennemis recevaient des renforts levés en Italie; et Bourbon, avec l'argent qu'il eut l'art d'obtenir du duc de Savoie, frère de la duchesse d'Angoulême, son ennemie, leur en amena d'Allemagne, où il alla lui-même faire des recrues, et où sa réputation de bravoure et d'habileté lui fit trouver des soldats empressés de voler sous ses drapeaux. Ainsi renforcés, les généraux de l'empereur se trouvèrent en état d'affronter l'armée royale et de ravitailler Pavie. Bourbon, qui, sans argent et sans vivres, ne pouvait disposer longtemps de ses troupes, recherchait le combat. François, qui, pour cette raison, aurait dû l'éviter, abusé par ses idées chevaleresques, le provoquait lui-même, défiait Pescaire et s'indignait du conseil de lever le siège, et de fuir surtout devant un rebelle. En vain La Trémouille, Chabannes, de Foix, Louis d'Ars, le conjuraient de ne point confier au hasard d'une bataille une victoire qu'il tenait entre ses mains; en vain le pape, instruit de la détresse des troupes impériales, lui faisait passer secrètement le même avis, Bonnivet était d'un avis contraire; il promettait le succès et fut seul écouté, et l'armée attendit l'ennemi dans ses lignes [2]. »

François Ier était fort bien défendu dans son camp; les retranchements dont il l'avait fait entourer en rendaient l'approche très-périlleuse, et l'on eût eu beaucoup de peine à l'enlever de front. Le plan des assiégés était donc de faire sortir le roi de sa position, afin de pouvoir l'attaquer en bataille rangée, ce à quoi ils arrivèrent après plusieurs tentatives inutiles.

Nous laissons la parole à l'un de nos plus savants historiens : « Dans la nuit du 23 au 24 février, les généraux de l'empereur harcelèrent le camp royal par de fausses attaques et par une vive canonnade, tandis que le gros de leurs forces s'approchait en silence des murs du parc. Des maçons abattirent avec le bélier et la sape trente ou quarante toises des murailles; l'avant-garde impériale, commandée par le marquis du Guât (del Guasto), cousin de Pescaire, se jeta dans le parc par cette brèche; les autres corps suivirent. Le jour naissant montra aux Français la colonne des Impériaux défilant avec précipitation le long des quartiers du roi et se dirigeant vers Pavie. Elle était forcée de traverser une grande clairière sous le feu de l'artillerie qui garnissait les retranchements du roi. Les batteries françaises, que le vieux Galiot de Genouillac dirigeait avec une grande habileté, « faisaient coup sur coup des brèches de » dans les bataillons ennemis, de sorte que vous n'eussiez « vu que bras et têtes voler. » (Martin du Bellai.) Les Impériaux, décimés par cette effroyable canonnade, se mirent à courir à la file pour gagner un vallon où ils fussent à l'abri de l'artillerie.

« En voyant ce mouvement, François Ier crut l'ennemi en fuite et la victoire assurée : on venait de lui rapporter que la division d'Alençon et de Chabot avait rompu dans le parc un bataillon espagnol et enlevé quelques canons. Il s'élança

1. N. Gallois.
2. Anquetil. Hist. de France.

hors du camp avec sa gendarmerie pour charger, masqua sa propre artillerie et la réduisit au silence, au moment même où elle faisait le plus de mal à l'ennemi. Tout le reste de l'armée suivit le roi.

« Bourbon et Pescaire, transportés de joie, formèrent à la hâte leurs lignes de bataille, tandis que du Guât raccourait avec son avant-garde, renforcés par Antonio de Leyva et par l'élite de la garnison de Pavie, que les troupes laissées à la garde du camp ne surent pas arrêter. La division du duc d'Alençon formait l'aile gauche, le gros corps des Suisses la séparait du roi, qui menait le corps de bataille commandée par La Palisse, étaient placés quatre à cinq mille lansquenets, débris des vieilles bandes de la Gueldre et de la Westphalie, habitués à combattre la maison d'Autriche sous les bannières de la France, et mis au ban de l'empire par Charles-Quint.

« Ce fut un terrible choc que celui de ces deux armées, peu nombreuses, mais composées des plus vaillants soldats de l'Europe. Les lansquenets du roi, assaillis par les lansquenets du duc de Bourbon, qui les réputaient traîtres à l'empire, et n'étant pas secourus par les Suisses, furent accablés par le nombre et écrasés entre deux gros bataillons ennemis; la plupart de ces braves gens périrent, ainsi que leurs deux chefs, le duc de Suffolk, Rose blanche, et François« Monsieur de Lorraine, » frère du duc de Lorraine et du comte Claude de Guise. Bourbon et son infanterie victorieuse se tournèrent contre l'aile droite française, qui était au mainsavec un corps de cavalerie hispano-napolitain. L'aile droite, après de grands et inutiles exploits, eut le sort des lansquenets français; ce fut là que le vieux Chabannes de La Palisse, « le grand maréchal de France, » comme l'appelaient les Espagnols, termina sa glorieuse carrière; son cheval ayant été tué sous lui, il fut forcé de rendre son épée au capitaine napolitain Castaldo; mais un Espagnol, jaloux de la bonne fortune de Castaldo, assassina l'illustre prisonnier d'un coup d'arquebuse.

« Le combat n'était pas moins furieux au centre qu'à l'aile droite; le roi, à la tête de sa gendarmerie, avait culbuté un escadron italien aux ordres du marquis de Saint-Ange, descendant du grand Skender-Beg ; François Ier tua, dit-on, de sa propre main, ce marquis et plusieurs cavaliers; l'escadron des Francs-Comtois fut renversé à son tour; la cavalerie espagnole n'eût pu soutenir davantage le choc, si Pescaire n'eût imaginé une manœuvre qui eut des résultats terribles ; ce fut d'entremêler à sa cavalerie un ou deux mille arquebusiers basques, d'une adresse et d'une légèreté à toute épreuve. Le feu meurtrier de ces tirailleurs, qui se glissaient jusque dans les rangs français pour choisir leurs victimes, arrêta l'effort de la gendarmerie et jeta le désordre parmi ses escadrons. Les plus riches cottes d'armes, les heaumes les mieux empanachés attiraient de préférence les coups des Basques; on voyait tomber, les uns après les autres, tous ces fameux capitaines qui faisaient, depuis trente ans, la gloire des armées françaises : Louis de La Trémoille, Louis d'Ars, le maître et l'ami de Bayard, le grand écuyer San Severino, le bâtard de Savoie, le maréchal de Foix, Lescuns, étaient déjà morts ou blessés mortellement. Le roi et tout ce qui l'entourait continuaient pourtant de combattre avec fureur : une charge furieuse venait d'abattre M. Pescaire blessé et terrassé, et de repousser au loin Lannoi (vice-roi de Naples). La victoire eût pu être encore disputée si le duc d'Alençon et les Suisses eussent fait leur devoir ; mais le duc perdit la tête en apprenant la défaite de l'aile droite et s'enfuit lâchement, entraînant presque toute la gendarmerie de l'aile gauche ; les Suisses, découverts par la retraite du duc d'Alençon et menacés en queue par les cavaliers impériaux, au lieu de repousser la cavalerie et de secourir le roi ou les lansquenets, tournèrent le dos et prirent en désordre le chemin de Milan. Ce fut là une dernière et cruelle leçon pour les rois de France, qui achetaient si cher le service de ces mercenaires, de s'armer leurs sujets.

« Tout le faix de la bataille retomba dès lors sur le roi et sur la brillante noblesse qui se serrait autour de lui. Bourbon, Castaldo, du Guât, de Leyva, le vice-roi Lannoi avaient joint successivement Pescaire; la gendarmerie française ne pouvait plus que vendre chèrement sa vie. Diesbach, de Berne, général des Suisses, et l'amiral Bonnivet, ne voulurent point survivre, le premier à la retraite ignominieuse qui allait ternir la renommée des Ligues, le second à la grande « désaventure, » dont sa présomption était la première cause. Ils se ruèrent tous deux, tête baissée, sur les piques des lansquenets de Bourbon, et y trouvèrent la mort. Bonnivet, favori de la duchesse d'Angoulême autant que du roi, avait pris la part la plus active aux persécutions dirigées contre le connétable ; Bourbon le cherchait avec acharnement par tout le champ de bataille ; à l'aspect du cadavre sanglant de son ennemi, le connétable s'écria, dit-on, avec tristesse : « Ah ! malheureux ! tu es cause de la ruine de la France et de la mienne ! »

« La gendarmerie française succomba enfin sous la multitude de ses ennemis ; elle fut rompue, dispersée, taillée en pièces. François 1er, blessé à la jambe et au visage, se défendit longtemps encore avec vigueur ; son cheval, frappé à mort, s'abattit sur lui ; entouré de soldats qui se disputaient sa prise, il eût peut-être eu le sort de La Palisse, le Pompérant, le compagnon de fuite du connétable, n'eût reconnu le roi et ne fût accouru à son aide. Pompérant proposa au roi de « bailler sa foi » à Bourbon ; François refusa avec colère ; Pompérant envoya chercher le vice-roi de Naples, Charles de Lannoi, qui reçut, en fléchissant le genou, l'épée sanglante du roi vaincu et lui offrit la sienne en échange. Huit mille Français et auxiliaires étaient morts ; tous ceux des capitaines qui n'étaient pas étendus sur le champ de bataille, le roi de Navarre (Henri d'Albret), le comte de Saint-Pol, Fleuranges, Montmorency, Brion, partageaient la captivité de François 1er. » Les pertes des Impériaux, dans cette bataille, ne s'élevaient qu'à sept cents hommes [1].

Dès que le bruit se fut répandu que le roi était fait prisonnier, les Français n'ayant plus de salut que dans la fuite, se dirigèrent vers le Tessin, poursuivis par la garnison de Pavie, qui massacrait tout ce qui se trouvait à sa portée. « Un grand nombre de Suisses périrent en cherchant à passer le Tessin à la nage ; enfin, les troupes de la garde du camp, ramenées sur le champ de bataille par leur chef, Bussy d'Amboise, y furent taillées en pièces, et lui-même trouva la mort dans ce dernier engagement. Seul, le comte de Clermont, qui commandait un fort détachement placé dans l'île formée au-dessus de Pavie par les deux bras du Tessin, put effectuer sa retraite en bon ordre, après avoir coupé après lui les ponts de cette rivière [2]. » Ainsi se termina cette bataille célèbre, dont les résultats furent, pour la France, la perte de son roi, et pour l'Italie, la perte bien plus importante de son indépendance. On comprend que Clément VII, en apprenant la défaite de François 1er, n'eut rien de plus pressé que de conclure un nouveau traité d'alliance avec l'empereur : bien lui en prit, du reste, car les troupes impériales firent payer cher aux provinces italiennes qu'elles occupaient, la victoire remportée sur nos armées.

L'Italie fut bientôt fatiguée de ses nouveaux maîtres. François 1er, redevenu libre en renonçant, aux termes du traité de Madrid, à tous ses droits sur le royaume de Naples, sur Gênes, Asti et le duché de Milan, fut invité par le pape à entrer dans la ligue que le pontife avait formée avec les Vénitiens et le duc Sforza, pour l'affranchissement de la péninsule. François 1er promit tout ce qu'on lui demanda ; mais il se contenta de promettre.

Le sac de Rome par le connétable de Bourbon, qui y trouva la mort, vint montrer au roi combien était pressant le besoin des secours qu'on attendait de lui. Alors François 1er rassembla une armée de vingt-six mille fantassins et de douze cents gens d'armes, dont le commandement fut confié à Lautrec. Alexandrie et Pavie tombèrent tout d'abord entre les mains de ce général, tandis que notre allié, l'amiral André Doria, bloquait le port de Gênes et le forçait à reconnaître notre puissance. Le pape, cependant, s'était échappé du château Saint-Ange et faisait cause commune avec l'empereur.

Lautrec, au lieu de prendre Milan, alla mettre le siège devant Naples. André Doria, de son côté, bloquait la ville par la mer ; mais, bientôt mécontent de la situation que François 1er faisait à Gênes, sa patrie, il offrit ses services à l'empereur, et laissa ravitailler la place. Le général français, après avoir vu Barletta, Venosa, Ascoli, Capoue, Nola, Acerra, Aversa, se ranger sous notre drapeau, fut emporté par la peste. Son successeur, le marquis de Saluces, dut capituler dans Aversa devant le prince d'Orange, qui, après la mort du connétable de Bourbon, avait pris le commandement des troupes impériales.

Toutes les ressources de la France étaient désormais concentrées entre les mains du comte de Saint-Pol, envoyé à la conquête du Milanais. Trop occupé pour pouvoir secourir

1. R. Martin. *Hist. de France.*
2. N. Gallois. *Les armées françaises en Italie.*

le marquis de Saluces, il lui fut également impossible de secourir Savone et le Castelletto de Gênes. Enfin, surpris par Antonio de Leyva, qui le fit prisonnier à Andriano (1528), il laissa l'Italie à la discrétion de Charles-Quint.

Les circonstances étaient trop favorables pour que ce prince n'en profitât pas. Il dicta ses conditions au pape, et Clément VII posa, dans Bologne, les deux couronnes d'Italie et de l'empire sur la tête du souverain de l'Espagne.

C'en était fait de l'indépendance de l'Italie : ruinée par les guerres incessantes qu'elle avait eues à soutenir depuis quarante ans, elle ne pouvait plus rien pour sa propre défense et en était réduite à assister tranquillement à l'asservissement de ses enfants et de ses provinces. Quant au pape, qui avait coopéré au rétablissement de l'antique alliance du pontificat et de l'empire, il gagna beaucoup moins à cette restauration que l'empereur, et il regretta bientôt le rôle qu'il avait joué. Il se rapprocha même du roi de France, en donnant à l'une de ses fils sa nièce Catherine de Médicis en mariage ; mais ses nouveaux projets furent anéantis par sa mort, arrivée le 25 septembre 1534.

Paul III, qui monta après lui sur le Saint-Siège, s'empressa de se ranger du côté de Charles-Quint, dont l'aide lui parut nécessaire pour la restauration du pouvoir pontifical.

François 1er voulut, une fois encore, lutter pour la possession du Milanais ; mais Antonio de Leyva ayant, à la mort de François Sforza, pris possession du duché de Milan au nom de Charles-Quint (1535), force fut au roi de France de tourner ses vues d'un autre côté.

La Savoie, sur laquelle il avait des droits par sa mère, lui parut bonne à prendre ; il préluda à cette conquête en s'emparant du Piémont, fit fortifier Turin, mit garnison à Coni, Fossano, Suse, Ivrée, et attendit alors, au pied des Alpes, que Charles-Quint se prononçât.

L'empereur se joignit avec trente mille hommes aux troupes d'Antonio de Leyva, passa la Sésia, le 8 mai, mit le siège devant Fossano, le 7 juin, força le sire de Montpezat, qui y commandait, à capituler, et, le 25 juillet 1536, fit son entrée en Provence. Mais ce premier succès ne donna pas longtemps raison aux rêves ambitieux de Charles-Quint au sujet de la France. Décimées par le manque de vivre, harcelées par les paysans, les troupes impériales durent, le 25 septembre, opérer leur retraite vers le comté de Nice et franchir de nouveau le Var, qu'elles avaient une première fois traversé, avec l'espérance de la victoire.

L'année 1537 fut employée tout entière à guerroyer dans le Piémont. Tantôt vainqueurs, tantôt repoussés, les Français, leur roi en tête, allaient en finir par une bataille décisive, lorsqu'une trève de dix ans fut conclue entre les parties belligérantes et signée à Nice, le 18 juin 1538.

La trève fut troublée par l'assassinat d'un ambassadeur que François 1er envoyait à la Porte-Ottomane. Pour se venger de l'empereur, le roi de France, de concert avec le sultan Soliman II, mit le siège devant Nice, tandis que le duc d'Enghien, à la tête de seize ou dix-sept mille hommes, remportait la victoire à Cérisolles sur l'armée impériale, forte de vingt-deux mille combattants et commandée par le marquis du Guât (1544).

La paix de Crespi vint bientôt rapprocher l'empereur et le roi de France (18 septembre) et faire échouer les espérances que les Italiens avaient conçues d'une prochaine délivrance. Le joug de l'empereur leur était à charge et ils ne demandaient qu'à rentrer sous la domination française. Jusqu'en 1551, c'est à peine s'il y eut en Italie quelque événement où se trouve mêlé le nom français. Mais le règne de Henri II vit de nouveau la guerre éclater entre les Impériaux et le roi de France.

VII.

Henri II et Jules III. — Henri IV traite avec le duc de Savoie, Charles Emmanuel 1er. — Lutte de la France et d'Espagne en Italie, sous Louis XIII. — Richelieu et les ducs de Savoie.

Les papes, depuis un certain temps, avaient adopté une politique qui consistait à fonder, autant que possible, des principautés en faveur de leurs parents. Ils espéraient, de cette façon, acquérir au saint-siège des instruments dociles, des serviteurs tout disposés à exécuter humblement leurs volontés. De là, on le conçoit, des luttes interminables entre les pontifes et les villes qu'ils convoitaient, lesquelles ne se souciaient nullement de changer à chaque instant de maître pour ne gagner qu'une tyrannie nouvelle.

Paul III ambitionnait le Milanais pour son fils naturel, Horace Farnèse; il chercha à se ménager l'alliance de Henri II, à qui il demanda la main de Diane d'Angoulême, sa fille naturelle. La guerre fut encore une fois allumée en Italie. Toutefois le pontife ne put voir la réalisation de ses projets : il mourut quelque temps après (1549), et fut remplacé par Jules III (Jean-Marie del Monte).

Le nouveau pape avait cru devoir, à son avénement, remettre le duché de Parme à Ottavio Farnèse. Celui-ci contracta une alliance avec Henri II, et reçut dans sa capitale une garnison française. Le pape, mécontent de cette manière d'agir, envahit le territoire de Parme et de la Mirandolle, tandis que Sienne avait à se défendre contre les attaques de Côme Ier, duc de Florence.

Les Français, sous les ordres du maréchal de Brissac, s'emparèrent de San-Damiano et Chieri (1551), chassèrent de Sienne le général Espagnol Diego Hurtado Mendoza (1552), et prirent Casal, après avoir battu Lenzo sur la Stura.

L'année suivante fut encore remplie d'événements militaires. De Thermes entra à Lucignano, Monte Fellonico, Pienza et Montalcino; Brissac prit Ceva, Cortimiglia, Verceil et Ivrée. Pendant ce temps, Pierre Strozzi, maréchal de France, successeur de de Thermes, fut attaqué dans Sienne par les troupes de Cosme Ier, sous le commandement de Jean-Jacques de Médicis, marquis de Marignan. Malgré la valeur de Montluc, envoyé par Henri II au secours de Pierre Strozzi, la ville, réduite aux dernières extrémités par un blocus rigoureux, dut se décider à capituler le 21 avril 1555. L'étendard de la France n'avait pas cessé pour cela de flotter au centre de la Péninsule; il s'y maintint comme une promesse d'indépendance et trouva un nouvel appui dans le traité conclu entre Paul IV (cardinal Caraffa), et Henri II. Ce traité annula la trêve de Vaucelles, signée le 5 février 1556, après l'abdication de Charles-Quint.

Philippe II, déclaré déchu de ses droits sur le trône de Naples, ne vit pas froidement le pape offrir ce royaume au duc de Guise. Par ses ordres, le duc d'Albe envahit le territoire pontifical, tandis que Cosme attaquait Montalcino.

Guise, à la tête de quinze mille hommes, franchit les Alpes, s'empare de Valenza, passe dans les Abruzzes, emporte d'assaut Campli et passe le Tronto pour assiéger Civitella. Malheureusement les Français furent repoussés devant cette dernière place et durent se retirer jusque dans les États romains.

Le traité de Cateau-Cambrésis (3 avril 1559) vint mettre fin à cette guerre, et l'Italie se retrouva encore une fois sous le poids d'une double servitude, impuissante à reconquérir son indépendance, et, de plus, forcée de renoncer à l'espoir de tout secours de la part de la France. Aussi, ce malheureux pays, au lieu de tenter de nouveaux efforts, se laissa-t-il complétement aller dans la voie de l'esclavage, qu'il accepta avec une morne résignation.

L'avénement de Henri IV, en mettant un terme aux guerres de religion qui désolaient la France, et lui donnaient assez d'occupations à l'intérieur pour qu'elle ne pût trouver le temps de s'occuper des nations étrangères, amena une nouvelle occasion de discordes. A la faveur de nos troubles, Philibert-Emmanuel, duc de Savoie, qui avait contribué pour sa part à la victoire de Saint-Quentin, était parvenu à recouvrer toutes les villes du Piémont. Restait à se faire reconnaître comme légitime possesseur par Henri IV, qui prétendait avoir des droits aussi valables que les siens.

Philippe II, beau-père du duc, lui prêta son appui. Henri, de son côté, leva une armée, et força son adversaire à signer le traité de Vervins. Un second traité, conclu à Lyon (1601) entre Henri IV et Charles-Emmanuel Ier, arracha à ce dernier, en échange du marquisat de Saluces, le Bugey, le Valromey et Gex. Depuis ce moment, les deux princes vécurent en bonne intelligence; le duc de Savoie alla plus loin : comprenant le premier la véritable politique nationale, il embrassa chaudement le parti d'Henri IV, et s'associa avec ardeur à ses projets. Malheureusement, la mort de ce dernier vint tout arrêter.

Louis XIII régnait. Les affaires de la France avaient repris, sous la main vigoureuse du cardinal de Richelieu, une nouvelle impulsion. Le premier ministre, appelé à garantir la Valteline de la domination autrichienne, prit des mesures promptes et décisives.

Le marquis de Cœuvres enleva la Valteline aux troupes du pape (1624), tandis que le duc de Savoie, avec le secours de Lesdiguières, entrait en Italie. Opiata, Acqui, Capriata, Gia, Novi et Gavi furent prises et pillées, puis reprises un peu après par la faute de Charles-Emmanuel. Le maréchal de Créqui faisait des prodiges contre les Impériaux, lorsque

fut conclue entre Richelieu et le pape (5 mai 1626) la paix de Mouzon.

La mort de Vincent II, duc de Mantoue (1627), engendra de nouvelles complications. Le duc de Nevers réclamait Mantoue; le duc de Savoie, le Montferrat; les Espagnols, Mantoue et le Montferrat. La France, tout naturellement, embrassa le parti du duc de Nevers. « Richelieu réunit une armée de vingt mille fantassins et huit mille cavaliers dont il se fit nommer généralissime; le roi vint la commander en personne, ayant sous ses ordres les maréchaux de Toiras, de Bassompierre, de Créqui et de Schomberg. Au milieu de février 1629, Louis XIII, peu satisfait des réponses équivoques que faisait le duc de Savoie, Charles-Emmanuel, à la demande de passage de nos troupes dans ses États, marcha de Grenoble sur les Alpes, malgré la neige et les brouillards, et arriva avec des peines infinies au pied du mont Cenis, avec l'intention de forcer le Pas-de-Suze. Il rejoignit à Chaumont les maréchaux de Créqui et de Bassompierre qui y étaient arrivés avec l'avant-garde [1]. » Le Pas-de-Suze fut enlevé, bien qu'avec des peines infinies, et Casal débloqué.

Louis XIII était à peine rentré dans ses États, que Richelieu se vit obligé de lever de nouvelles troupes contre le duc de Savoie et les Espagnols. A la tête de l'armée et ayant sous lui les maréchaux de Bassompierre et Schomberg, ainsi que le duc de Montmorency, il alla assiéger Pignerol, dont la capitulation eut lieu presque immédiatement (29 mars 1630).

La bataille de Veillane, gagnée par le duc de Montmorency et le marquis d'Effiat, nous valut la prise de Saluces et de Revel, et fut bientôt suivie d'une nouvelle victoire remportée à Carignan sur Victor-Amédée, qui venait de succéder à Charles-Emmanuel Ier, comme duc de Savoie. On se proposait de pousser activement les opérations, de manière à faire lever le siége de Casal, lorsque les efforts du cardinal Jules de Mazarin, légat du pape Urbain VIII, amenèrent la conclusion d'un traité de paix, qui fut signé, le 6 avril 1631, à Chierasco.

Richelieu, cependant, ne renonçait pas à son projet d'humilier la maison austro-espagnole, en délivrant l'Italie de sa domination. L'année 1635 vit commencer une nouvelle expédition, dont la direction fut confiée au maréchal de Créqui. « Il avait pour auxiliaires les ducs de Savoie, de Mantoue et de Parme. Mais le dernier seul était entré de plein gré dans l'alliance de la France : les deux autres y avaient été à peu près forcés. Aussi un mécontentement mutuel ne tarda-t-il pas à éclater entre le maréchal et le duc de Savoie, qui, à titre de généralissime, contrecarrait toutes les opérations des Français, et qui fit manquer plus d'une occasion d'envahir le Milanais. La campagne ne fut heureuse que dans la Valteline, où le duc de Rohan, envoyé pour intercepter la communication des Impériaux avec les Espagnols par cette vallée, repoussa au nord un détachement de l'armée de Galas, qui avait essayé de pénétrer par le Tyrol, et au midi le général Serbelloni, qui était venu du Milanais pour l'attaquer de concert avec les premiers.

« La campagne suivante semblait promettre plus de succès en Italie. Trente-cinq mille Français, sous les ordres des maréchaux de Créqui et de Toiras, et du duc de Rohan, forçaient la mauvaise volonté du duc de Savoie à sortir d'une inaction qu'aucun prétexte ne pouvait plus colorer, surtout dans un moment où le duc de Parme perdait tous ses États. Il parut se déterminer à agir; mais il rejeta tous les plans qu'on lui offrit : il fallut en passer par les siens, et rien ne se trouva prêt quand il s'agit de les exécuter. Des lenteurs affectées il résulta que le duc de Rohan, sorti au temps convenu de sa vallée, ne se trouva point secondé, et que, ses vivres étant consommés, il fut contraint de regagner les défilés, sans avoir pu rien opérer pour la cause commune. Cependant Amédée, persécuté sans relâche par Créqui, que commençait à fatiguer une obéissance toujours malheureuse, permit enfin à l'armée de s'ébranler, et, quoique trop tard pour profiter de la diversion de Rohan, on ne la dirigea pas moins sur la capitale de la Lombardie. A cet effet, elle traverse le Pô, s'avance sur le Tésin, et chemin faisant s'empare du fort de Fontanetta, où fut tué le maréchal de Toiras. Les Français passent la rivière, et, pendant qu'Amédée la côtoie sur la droite, ils suivent la gauche, rompent un aqueduc qui portait ses eaux à Milan, et répandent les plus vives alarmes. Le marquis de Léganez, accouru pour s'opposer à des progrès ultérieurs, reconnaissant que le duc de Savoie se trouvait sur l'autre bord, se hâte d'attaquer les Français, et leur

1. N. Gallois.

livre un combat qui dura dix-huit heures. La fatigue des combattants allait le terminer sans que la victoire se fût prononcée pour aucun parti, lorsque le duc, achevant de passer le Tésin sur un pont qu'il y faisait jeter quand Léganez parut, se donna le facile honneur de fixer la journée, en contraignant les Espagnols à la retraite ; mais, peu jaloux de favoriser d'ailleurs la puissance des Français en Italie, il fit si bien que l'avantage qu'ils obtinrent se borna à la possession précaire du champ de bataille. Une incursion des Espagnols dans le Piémont, et la diminution de l'armée française par les maladies et par la désertion, tandis que les ennemis s'accroissaient au contraire par des renforts qu'ils recevaient de Naples, furent des prétextes plausibles pour rétrograder et pour renoncer encore une fois aux plus brillantes espérances [1]. »

A partir de ce moment, chaque année put se compter par une campagne nouvelle. Le marquis de Léganez avait repris l'offensive (1637), et forcé le duc de Parme à garder la neutralité. Créqui le chassa du territoire de Verceil ; il s'apprêtait à lui faire lever le siège de Brême, lorsque sa mort, causée par une décharge d'artillerie (14 mars 1638), amena la reddition de la place.

Le commandement de l'armée fut confié au cardinal de La Valette, qui ne put empêcher Verceil de tomber au pouvoir de l'ennemi (5 juillet). Dans la campagne suivante, il ne fut pas plus heureux. Il s'empara d'abord de Chivas ; mais il reperdit bientôt cette place, et l'ennemi parvint à se rendre maître de Crescentino, Verrua, Saluces, Asti, Fossano, Coni, et, ce qui était plus important, de Turin (28 juillet). Ce dernier échec fut suivi d'une trêve de trois mois, pendant laquelle le cardinal mourut, laissant le commandement au comte d'Harcourt, Henri de Lorraine.

La campagne de 1840 fut plus heureuse. « Le marquis de Léganez avait mis le siège devant Casal, qui tenait toujours garnison française, et dont la possession eût avantageusement couvert le Milanais de ce côté. Le comte d'Harcourt, quoique plus faible de moitié, marcha au secours de la place. Le marquis, au lieu d'aller à sa rencontre, perdit l'avantage du nombre, en se laissant attaquer dans ses lignes. Elles furent forcées en trois endroits. Le vicomte de Turenne s'y distingua particulièrement, mais surtout le comte d'Harcourt, qui, payant d'exemple, se jeta le premier dans les retranchements, et inspira son courage à toute l'armée. Les Espagnols perdirent une grande partie de leur artillerie, le quart de leurs troupes, et furent contraints de lever le siège. Le général français, à l'effet de soutenir la gloire qu'il venait de s'acquérir, marcha aussitôt sur Turin, dans l'intention de dégager la citadelle. Moins fort que le prince Thomas, il osa l'assiéger dans la ville. Le marquis de Léganez le suivit de près ; et, encore supérieur à lui avec les débris de son armée, il l'investit lui-même devant Turin, en interceptant tous les passages par lesquels on pouvait recevoir les vivres. Dans la ville, comme dans les lignes des Français, ce n'était qu'à la pointe de l'épée qu'on pouvait s'en procurer ; et de part et d'autre la persévérance s'entretenait par l'espoir de fatiguer celle de l'ennemi, et de le réduire à l'impossibilité de tenir contre le besoin. Une attaque concertée entre le prince et les Espagnols, au moyen de boulets creux, auxquels on avait donné le nom de courriers volants, et qu'ils lançaient avec des mortiers par dessus la circonvallation, ajouta à leur confiance mutuelle. Mais des accidents imprévus dérangèrent leur accord. Ils attaquèrent séparément et furent également repoussés. Le lendemain, le vicomte de Turenne, qu'une blessure avait forcé de se retirer à Pignerol, amena de cette ville un secours considérable en hommes et en vivres, qui décida du sort de Turin [2]. » Les assiégés, réduits à la dernière extrémité, capitulèrent le 17 septembre 1610, ce qui mit fin aux opérations de la campagne. La régente Christine put alors rentrer dans sa capitale, et le prince Thomas, son beau-frère, qui en était sorti avec la garnison, se retira à Ivrée.

Grâce à l'intervention de la France, il se réconcilia avec Christine, mais ce ne fut que pour renouer bientôt après avec les Espagnols. Turenne, qui commandait l'armée en l'absence du comte d'Harcourt, força Montcalvo à capituler ; il allait réduire Ivrée, lorsqu'une diversion du prince Thomas le força de se porter sur Chivas. D'Harcourt était revenu au camp ; il prit Ceva, Mondovi, fit Coni, qu'il échangea contre Montcalvo, reprise par le comte de Sirvela.

Enfin, le gouvernement français parvint à rétablir la paix entre la duchesse régente de Savoie et ses deux frères,

1. Anquetil.
2. Anquetil.

Thomas et Maurice, qui reçurent en apanage les villes de Nice et d'Ivrée (1643).

En même temps, il se faisait en France un grand changement : Mazarin avait succédé à Richelieu ; Louis XIII venait de mourir, laissant pour successeur un enfant qui allait s'appeler Louis XIV.

TROISIÈME PARTIE.

—

LE SIÈCLE DE LOUIS XIV.

—

VIII.

Louis XIV et Mazarin. — Guerre de succession. — Exploits des Français en Italie.

Mazarin, comme Richelieu son prédécesseur, avait tâché d'arracher le peuple italien à cette apathie dans laquelle il s'endormait, et l'avait poussé presque par force à la lutte contre les Espagnols. Après la conclusion du traité de Westphalie avec l'empereur d'Allemagne, il s'apprêta à tourner de nouveau toute son attention vers les affaires de l'Italie ; mais il dut attendre la fin des troubles de la Fronde. Alors seulement il put agir en liberté contre l'Espagne. Quelques expéditions eurent lieu, qui aboutirent à la paix des Pyrénées (1659).

Louis XIV, en prenant en main les rênes du pouvoir, après la mort du premier ministre, n'eut plus qu'à profiter de l'influence que lui avaient acquise en Italie les actes du célèbre cardinal.

Les Italiens ne tardèrent pas à attirer contre eux les ressentiments du roi de France. Innocent XI et la république de Gênes se montraient ostensiblement fidèles à l'Espagne et contrariaient le désir qu'avait Louis XIV de posséder en paix l'importante ville de Casal. Gênes fut bombardée par une flotte française sous les ordres du marquis de Seignelay, et son doge contraint à venir s'humilier à Versailles (1684).

La ligue d'Augsbourg fut le véritable point de départ des expéditions importantes qui eurent lieu en Italie. Pour se venger de l'adhésion du duc de Savoie à la cause de l'Autriche et de l'Espagne, Louis XIV réunit une armée considérable, qu'il plaça sous le commandement de Catinat. Louvois, en même temps, donnait au général les ordres les plus sévères quant à la conduite à tenir vis-à-vis des villes qui tomberaient entre ses mains.

La campagne s'ouvrit au mois d'avril 1690 ; mais elle ne commença réellement à devenir sérieuse qu'au mois d'août. A cette époque, « tous les corps de l'armée de Catinat l'avaient ralliée ; il avait sous ses ordres dix-neuf régiments d'infanterie dont cinq de milices, et quatorze régiments de dragons et de cavalerie légère ; les ennemis, commandés par le célèbre prince Eugène, étaient établis en front de bandière à Villefranche, position d'où ils pouvaient nous inquiéter beaucoup. Catinat chercha à les en faire sortir ; à cet effet il leva son camp de Caours, et se dirigea sur Saluces ; la première ligne de notre armée avait, à la faveur de la nuit, franchi le Pô, alors presque à sec, et pénétré dans un des faubourgs et sur les hauteurs qui dominent cette dernière ville, lorsque notre général en chef fut informé que l'armée ennemie s'avançait tout entière dans notre direction, et que l'on entendait le bruit des clairons et de ses tambours : notre cavalerie prit alors face à l'ennemi, et bientôt notre seconde ligne revint rejoindre la première, en traversant de nouveau le Pô. Malgré les ténèbres, chaque régiment prit sans confusion l'ordre de bataille qui lui était assigné. Catinat fit mettre les bagages derrière l'armée, dans un lieu assez éloigné de la montagne, sous la garde de sa réserve.

« Au point du jour, le 18, Catinat reconnut la position de l'ennemi : sa droite, dans la direction de Villefranche, s'appuyait sur un bois et sur trois petites maisons où son infanterie s'était retranchée ; un marais la protégeait ; un autre marais, s'étendant jusqu'au Pô, impraticable pour la cavalerie mais praticable pour l'infanterie, ainsi que Catinat l'avait lui-même prouvé quelques jours avant, mettait à couvert son aile gauche ; son front était protégé par un petit ruisseau ; derrière étaient deux gorges boisées, de nature à faciliter sa retraite. Les vivres de l'ennemi et partie de ses munitions étaient, à sa droite, à l'abbaye de Staffarde.

« L'armée française, qui ne se trouvait qu'à une demi-lieue de celle du prince Eugène, s'avança bientôt, pendant que notre cavalerie commençait l'action sur notre gauche, et délogeait l'ennemi d'une des cassines qu'il occupait ; mais elle en fut délogée à son tour par un vigoureux effort de l'infanterie piémontaise. Bientôt huit de nos bataillons, traversant le marais à la droite de l'ennemi, chargèrent vigoureusement l'infanterie espagnole et piémontaise, la culbutèrent, et se replièrent ensuite dans le marais. Notre cavalerie n'avait pas appuyé ce mouvement, ne pouvant se développer sur notre première ligne entre les deux marais, que sur un front de six escadrons. Ces six escadrons firent une charge si furieuse, qu'ils culbutèrent tout devant eux ; ils furent ramenés par la cavalerie ennemie. A la gauche, le mouvement était plus lent, à cause de la difficulté de franchir le marais ; nos bataillons arrivèrent cependant à portée de charger les bataillons et la cavalerie ennemie qu'ils firent plier : de furieuses charges de cavalerie achevèrent de jeter le désordre dans leurs rangs. Pendant ce temps, notre cavalerie parvenait à franchir les marais. Bientôt l'infanterie réunie de notre première ligne, placée derrière des haies, engageait contre l'infanterie et les deux ailes repliées vers les cassines un feu terrible qui dura pendant deux heures. Catinat, voyant que l'ennemi tenait toujours bon, fit alors avancer sa seconde ligne, qui s'empara de la première cassine, enlevant vigoureusement les haies, les fossés, des chevaux de frise qui lui étaient opposés ; la cavalerie française arrivait en même temps, mais déjà la déroute de l'ennemi était complète, et il se retirait en désordre vers Villefranche, par les gorges boisées placées sur ses flancs : on le poursuivit pendant une lieue et demie.

« La bataille de Staffarde coûta à l'armée du prince Eugène quatre à cinq milles hommes tués, blessés ou prisonniers, onze canons, quinze drapeaux ou étendards, ses bagages et ses munitions. Si notre cavalerie n'eût pas été empêchée de la poursuivre par les difficultés du terrain, sa déroute eût encore été plus complète. Notre perte s'éleva à mille ou douze cents hommes [1]. » Le résultat de cette victoire fut, pour Amédée, la perte de la Savoie et de la plupart des places du Piémont. Malheureusement, l'armée française n'était plus en état de lutter contre les renforts qui arrivaient d'Autriche au duc de Savoie, et elle dut repasser les Alpes.

La campagne de 1691, qui eut pour but de s'emparer du comté de Nice et de ses places fortes, fut on ne peut plus brillante. Villafranca, Nice, Montalban, capitulèrent tour à tour. La prise de Veillane obligea l'armée de Victor-Amédée à se replier sur Turin, et permit de s'emparer de Carmagnola. On avait déjà mis le siège devant Coni ; mais on fut obligé de le lever précipitamment par des forces supérieures amenées par le prince Eugène au secours de la place.

L'ennemi reprit courage. Catinat, « repoussé d'abord jusqu'au delà de Pignerol par le duc de Savoie, ayant reçu les renforts qui lui arrivaient de l'armée de Flandre, déboucha de la vallée de Suze et prit poste à la Marsaille, où il interceptait la communication du duc avec Turin. Le prince avait prévu cet inconvénient ; mais il ne voulait pas perdre de vue Pignerol qu'il avait déjà fait bombarder ; et de plus, ses premiers succès l'avaient tellement enflé, que, ne faisant aucun doute de battre les Français, il ne tint nul compte d'un obstacle qui ne devait durer que jusqu'à leur défaite. Cette première faute fut suivie des dispositions les plus défavorables pour le combat [2]. » Écoutons Catinat, dans sa relation des mouvements effectués le 3 et le 4 octobre : « Par la situation où paraissait l'armée de l'ennemi, l'on jugea qu'ils pouvoient penser à se saisir de la hauteur qui était sur notre droite (près de Frosasco), d'où nous voyions leurs mouvements, ce qui fit donner les ordres d'y avancer diligemment un régiment de dragons, qui se saisit de la hauteur jusqu'au château de Piosasc. Comme l'on reconnut que les ennemis avoient beaucoup d'infanterie voisine de ce poste, et que l'on vit marcher plusieurs bataillons en avant, nous fîmes aussi de notre part avancer de ce côté-là trois brigades d'infanterie... Nous avons su depuis qu'effectivement les ennemis avoient eu la pensée de se saisir de

1. N. Gallois.
2. Anquetil.

cette hauteur, mais que notre disposition leur en avoit fait perdre la résolution... Comme l'on étoit fort proche, à deux heures de nuit, nous eûmes plusieurs avis par nos petits postes poussés en avant, que l'armée des ennemis étoit en mouvement, ou qu'ils se retiroient, les uns qu'ils se voyoient des troupes aller et venir comme si elles changeoient de poste... Ce fut sur cela que nous conclûmes que les ennemis réparoient dans la nuit les défauts qu'ils pouvoient avoir commis dans la manière dont ils s'étoient mis en bataille, ou qu'ils avoient changé de résolution de rien entreprendre sur notre droite, par les précautions qu'ils nous y avoient vu prendre, et que leur attention seroit de faire leurs efforts sur notre gauche, où étoit le gros de leur bonne cavalerie, ce qui nous fit prendre la résolution d'avoir une grande attention pour notre gauche, et à cet effet l'on fit marcher à minuit la gendarmerie pour passer sur notre aile gauche que l'on remplaça, à la droite, de deux régiments de cavalerie. Comme notre droite nous parut avoir une marche par un terrain couvert de vignes, l'on distribua la brigade de Feuquières dans la droite de la première ligne de cavalerie... Voilà la disposition où étoit l'armée à une demi-heure de jour. Notre gauche avoit été resserrée sur son terrain, de manière que l'on avoit pu y placer toute la cavalerie de la première ligne. Pour surmonter cette difficulté, l'on fit marcher une brigade sur la gauche de la gendarmerie, pour percer en avant les pays de vignes et de broussailles, un régiment de dragons sur la gauche de cette brigade, les carabiniers et un régiment doublèrent sur la ligne d'abord que le terrain le put permettre. Notre canon fut placé à gauche et à droite, et dans le centre de l'infanterie. Voilà l'ordre avec lequel l'armée s'ébranla pour marcher aux ennemis, sur les huit ou neuf heures du matin, le 4 de ce mois. Après avoir marché en avant environ trois quarts d'heure, notre canon et celui de l'ennemi commencèrent à tirer. Dans la marche, notre cavalerie de la gauche s'étoit extrêmement éloignée de l'infanterie, par la difficulté de s'entrevoir. Je baissai la main pour aller promptement reconnoître ce défaut avec M. le duc de Vendôme. Je trouvai la gauche de notre infanterie toute découverte et dans une plaine rase. Je fis promptement avancer huit escadrons du corps de réserve et de la deuxième ligne pour couvrir ce flanc, et priai M. le duc de Vendôme de faire joindre incessamment la gendarmerie et le reste de notre gauche, vue que l'on eut le temps de faire marcher, quoique sous le canon de l'ennemi, et de si près, qu'il tuoit beaucoup de chevaux et de monde. Lorsque notre gauche fut mise en état, craignant le même défaut sur la droite, que je savois qui marchoit par un pays difficile et couvert, je m'y en allai à toutes jambes, après avoir dit à M. le duc de Vendôme que je le ferois charger aussitôt que j'y serois. Elle avoit été, dans le même défaut, séparée de l'infanterie, mais ce changement avoit été réparé, et je trouvai notre droite bien ordonnée, hors que trois bataillons n'avoient pas encore joint, mais on les voyoit venir. Je plaçai toute une brigade dans le centre de la première ligne de la droite de la cavalerie, ayant avant envoyé dire à M. de la Hoguette, qui commandoit l'infanterie, et M. le duc de Vendôme, que j'allois faire marcher et faire charger. Je plaçai cette brigade, comme il est marqué ci-dessus, parce que j'allois attaquer au centre, où il y avoit une fort grosse et longue haie avec un fossé devant elle, où les ennemis avoient placé leur infanterie. M. de Louvigny (un des généraux alliés), y étoit de ce côté-là, et M. de Schomberg avec les religionnaires. D'abord que nous fûmes dans l'ordre que je viens de marquer, nous marchâmes droit devant nous, pour charger tout ce que nous trouverions. Du moment que notre attaque fut marquée par notre marche et le feu des décharges, toute la ligne s'ébranla comme en même temps, dans le plus bel ordre que l'on sauroit dire, et avec une telle furie qu'elle enfonça tout. Les ennemis avoient mêlé des escadrons de distance en distance, surtout au front de bandière. Ceux qui se trouvèrent dans l'infanterie furent chargés sans tirer, la baïonnette au bout du fusil, et furent renversés. » La victoire de la Marsaglia força les Piémontais de lever le siège de Pignerol et de Casal. Cette dernière place, peu de temps après, fut rendue aux alliés, mais démantelée, selon que le voulaient les conditions secrètement convenues entre Louis XIV et le duc de Savoie.

Le traité de Riswick confirma l'accommodement signé à Vigevano, le 7 octobre 1696, et l'armée française, put rentrer dans ses foyers. Somme toute, nous avions dépensé de grosses sommes, perdu beaucoup de monde, tout cela pour ne rien acquérir que de la gloire. Cela n'empêcha pas la France de prendre part à la guerre qui surgit, lors de la mort du roi d'Espagne, Charles II, pour la succession au trône qu'il laissait vacant. Le duc d'Anjou, second fils du dauphin de France, conformément au testament de Charles II, fut proclamé et reconnu roi d'Espagne sous le nom de Philippe V.

Tout allait bien, lorsque Louis XIV crut devoir, par une précaution impolitique, envoyer à son petit-fils des lettres-patentes qui lui conservaient son droit à la couronne de France, dans le cas où le duc de Bourgogne et ses descendants seraient venus à manquer. Une ligue se forma en Europe pour empêcher les royaumes de France et d'Espagne de passer dans la même main. C'était une déclaration de guerre : chacun fit ses préparatifs, et l'année 1701 vit commencer les opérations. Le duc de Savoie, d'abord notre allié, se rangea ensuite du côté de nos ennemis : depuis longtemps, il nous avait habitués à ne plus avoir foi dans sa loyauté! « L'empereur comptant d'avance les secours de ses alliés, n'avait pas attendu la conclusion de la ligue pour agir hostilement. Le prince Eugène, à la tête de trente mille hommes, sans égard à la neutralité de Venise, déboucha des gorges du Trentin sur son territoire, et suivit la gauche de l'Adige. Une armée, double de la sienne, composée de Français, d'Espagnols et de Piémontais, commandés par Catinat, par le prince Thomas de Vaudemont, fils de celui qui était au service de l'empereur, et par le duc de Savoie, généralissime de toutes les troupes, l'attendait sur les frontières du Milanais. L'exemple des Impériaux les autorisant à s'avancer sur le territoire neutre, ils se disposèrent à défendre le passage du fleuve. On prétend que déjà le duc, dévoué secrètement à la cause qu'il semblait combattre, faisait part aux ennemis des résolutions des alliés. A l'aide de ces renseignements, il fut facile au prince Eugène de forcer le poste de Carpi, et de traverser l'Adige et le Mincio. Catinat soupçonna de bonne heure la cause de ses succès et en fit part au roi. Mais cet avertissement n'aboutit qu'à le faire rappeler et à lui faire donner pour successeur le maréchal de Villeroy, qui, aussi prévenu que la cour contre les avis de Catinat, débuta par se concerter avec le duc de Savoie pour attaquer le camp du prince Eugène, à Chiari, dans le Bressan. Il n'était pas même besoin de trahison pour que cette entreprise fût téméraire : aussi Catinat, qui n'avait pas encore quitté l'armée, se fit-il répéter l'ordre de marcher en avant. L'avis qu'on reçut d'ailleurs le prince Eugène fut une nouvelle raison d'échouer, et l'on fut repoussé, malgré les preuves de courage dont le duc de Savoie masqua son intelligence avec lui. Catinat, blessé, rendit néanmoins l'important service de diriger la retraite, et la fit de l'autre côté de l'Adda. L'hiver sépara les armées : les Impériaux le passèrent dans le Mantouan, et s'emparèrent, pendant sa durée, de Guastalla et de la Mirandole [1]. »

Villeroy n'avait pas été plus heureux dans son commandement que Catinat : il éprouva le même sort. Le duc de Vendôme fut appelé à le remplacer. Il ne tarda pas à être joint par Philippe V, qui, après avoir passé d'Espagne à Naples, où il se fit reconnaître, vint ranimer encore l'armée par sa présence. D'heureux succès signalèrent leur réunion, et leurs premiers efforts firent lever à Eugène le blocus de Mantoue. Poursuivant leurs avantages, ils se disposaient à lui couper la communication de Guastalla et de la Mirandole, en se plaçant entre ces villes et le Pô, lorsque le prince, traversant lui-même le fleuve à leur insu, se cacha dans l'entre-deux de sa rive droite et la digue du Zéro, près de laquelle les alliés vinrent imprudemment asseoir leur camp, sans avoir exploré le terrain au delà. Il s'était proposé de les attaquer au moment où les fourrageurs étant aux champs et l'infanterie à la recherche de la paille et de l'eau, il lui serait aisé de forcer le camp, et de s'emparer des armes en faisceaux et de la majeure partie des chevaux au piquet. L'accomplissement de ce hardi projet eût entraîné la ruine totale de l'armée : un hasard en prévint l'exécution. Les sinuosités du Zéro et de la digue élevée pour contenir ses eaux se trouvèrent en un point tellement rapprochées du camp, qu'un officier, par désœuvrement, sans autre but que de satisfaire sa curiosité, s'avisa d'y monter pour jeter un coup d'œil sur le pays d'alentour. Quel fut son étonnement d'apercevoir toute l'infanterie impériale en ordre de bataille, couchée ventre à terre, et la cavalerie par derrière pour la soutenir! Il donna aussitôt l'alarme, et le combat ne tarda pas à s'engager. Les Impériaux n'eurent qu'à monter sur la digue pour mettre sous leur feu l'armée combinée qui n'était point formée en bataille. Bientôt ils la

franchirent pour s'approcher davantage, mais le terrain embarrassé de haies et de buissons les empêcha d'aborder tout le front, et donna le temps aux alliés de se former peu à peu. Quand l'armée fut en ligne, l'attaque devint sans objet, et les assaillants se couvrirent de nouveau de la digue. Telle fut cette bataille de Luzara, livrée le 15 août, et dont chaque parti s'attribua le gain : mais la prise presque immédiate de Luzara même et de la Guastalle par l'armée des deux couronnes prouva de quel côté était l'avantage [1]. » Ce fut alors que le duc de Savoie, séduit par la promesse du Montferrat et de plusieurs autres villes, passa à l'empereur, et fit pencher la balance en faveur de ce dernier.

Vendôme n'en continua pas moins la lutte, et tandis que le duc de La Feuillade s'emparait de la Savoie et prenait Verrua, après un siège de six mois (1704), il se rendit maître d'Asti et d'Aoste. Il mit ensuite le siège devant Turin ; mais le prince Eugène, quoique battu au pont de Cassano, sur l'Adda, le força d'abandonner la place (1705).

L'année suivante fut marquée par une nouvelle tentative sur cette ville. Vendôme avait été rappelé d'Italie. Ce fut au duc d'Orléans et au maréchal Marsin que Louis XIV confia le commandement de l'armée et la direction des opérations. « Le duc d'Orléans, ne connaissant pas le pays, arriva devant Turin le 28 août, tandis qu'Eugène traversait le Parmesan et le Plaisantin : il voulait que l'on se portât contre les Impériaux, afin de les contenir sur la droite du Pô, mais le maréchal Marsin fit prévaloir dans le conseil l'avis fâcheux de demeurer dans les lignes de circonvallation de Turin, dont les travaux de tranchée étaient peu avancés. Cette mauvaise disposition permit aux Impériaux d'attaquer et de prendre sur la Doire, le 5 septembre, un grand convoi de vivres que notre armée attendait de France avec une grande impatience, et de venir s'établir le 6, en franchissant la Doire, à une demi-lieue de notre camp. L'ennemi porta sa droite à Pianeza et sa gauche à la Vénerie ; placé entre la Doire et le Pô, dans une sorte d'entonnoir, il n'aurait pas eu de retraite assurée dans cette position, si l'on eût convenablement fortifié nos lignes dans leurs retranchements : mais leur étendue permit au prince Eugène de les percer sur différents points à peu près dégarnis, le 7 septembre, malgré la résistance de nos troupes. Dans cette journée, appelée la bataille de Turin, nos soldats, attaqués par trente-cinq à quarante mille hommes, firent des prodiges de valeur, mais tournés, pris en flanc et à dos par une partie de l'infanterie et de la cavalerie ennemies, ils cédèrent à la fin, après avoir perdu deux mille hommes. Le duc d'Orléans et le maréchal Marsin furent blessés dans cette bataille ; ce dernier le fut mortellement. La diversion de ces forces considérables qui étaient dans la tranchée pouvait tout réparer et changer en déroute le triomphe des Impériaux ; mais le duc de La Feuillade, et M. d'Albergotti, qui y commandaient, loin de la faire, abandonnèrent précipitamment leurs retranchements, laissant aux ennemis cent quarante canons, soixante mortiers et tous nos approvisionnements. Cette partie de l'armée, en état de balancer les efforts de l'ennemi, se retira vers Pignerol, où elle arriva le 8 ; dès ce moment, tout le Piémont fut au pouvoir des Impériaux [2]. »

Les maréchaux de Villars et de Berwick, qui prirent ensuite successivement le commandement de l'armée d'Italie, résistèrent de la manière la plus glorieuse aux attaques du duc de Savoie. Cette guerre d'Italie, qui durait depuis plusieurs années déjà, menaçait de se prolonger encore, lorsque le traité d'Utrecht (1713), accepté à Rastadt (1714), vint y mettre fin. Ce traité eut surtout pour résultat la création de la monarchie piémontaise. Le duc de Savoie, en effet, dans le partage des dépouilles de l'Italie, laquelle, cette fois encore, servait de rançon à l'équilibre européen, reçut, pour sa part, Alexandrie, Valenza, la Valvezia, la Lomelline, Casal et Montferrat. On lui assura de plus, outre la possession du duché de Savoie et du comté de Nice, des droits sur le fief de Langher, et il fut déclaré que, si le roi Philippe V venait à mourir sans descendance, le royaume des Deux-Siciles et la couronne d'Espagne lui seraient dévolus.

Quelques années plus tard, Victor-Amédée Ier, roi de Sicile, échangea ce titre contre celui de roi de Sardaigne. L'empereur d'Autriche avait cru devoir effectuer ce changement, dans la crainte que les Espagnols ne renouvelassent leurs tentatives contre la Sicile. Albéroni venait, en effet, de s'emparer de l'île (août 1717), sous le prétexte que Victor-

1. Alque

1. Anquetil.
2. N. Gallois.

Amédée avait violé les priviléges des Siciliens. L'Autriche trouva dans cet événement une occasion d'affermir sa puissance dans la péninsule, et elle en profita. Quant à la maison de Savoie, il est évident qu'il y avait tout avantage pour elle dans l'échange qu'on la contraignait de faire.

IX.

Louis XV. — Succession de Parme. — Guerre de la succession d'Autriche. — Succès et revers. — Soumission de la Corse et naissance de Napoléon.

Ce fut encore une succession qui, en 1733, amena la guerre en Italie. Le duché de Parme et de Plaisance, à la mort du duc François, devait revenir à Élisabeth de Parme, sa fille, mariée au roi d'Espagne, Philippe V. Il était donc tout naturel que don Carlos, fils de ce prince, héritât des droits de sa mère. D'un autre côté, le même don Carlos prétendait, toujours par Élisabeth de Parme, à la succession du duc Gaston de Toscane. L'empereur Charles VI consentait parfaitement à reconnaître ces droits, assez éloignés pourtant sur la Toscane, de don Carlos, mais à la condition expresse qu'il lui serait fait hommage à titre de suzerain pour la possession des deux duchés.

Le cardinal Fleury, premier ministre de Louis XV, profita des dispositions où se trouvaient l'Autriche, l'Espagne, et le pape Clément XII, fort mécontent de son côté, pour soulever l'Italie contre l'empereur. Charles-Emmanuel Ier, devenu roi de Sardaigne par l'abdication de son père, Victor-Amédée Ier, consentit à épouser le parti de la France et à lui abandonner même la Savoie, à la condition de s'agrandir du Milanais, objet de ses plus ardentes convoitises.

Une armée fut rassemblée dans le courant de 1733 et mise sous les ordres du maréchal de Villars. Le Milanais, envahi par Villars et Charles-Emmanuel, succomba bientôt; mais la campagne traîna en longueur, par suite de la mauvaise volonté du roi de Sardaigne, qui ne cherchait qu'à contrarier les opérations du maréchal. Celui-ci céda le commandement à M. de Coigny; le nouveau général, comme son prédécesseur, fut entravé dans sa marche par le refus du concours de Charles-Emmanuel; mais ce prince s'étant rendu à Turin, M. de Coigny put enfin agir à sa guise. La bataille de Parme, livrée le 29 juin et gagnée par nous, ne nous fut d'aucun avantage à cause de la position que nos généraux laissèrent prendre aux Autrichiens commandés par le comte de Kœniseck. La bataille de Guastalla fut telle que M. de Montal écrivit, après la bataille au duc de Bourbon : « Si nous avions souvent de pareilles victoires, l'armée serait bientôt anéantie. » La campagne se termina sans amener pour nous de résultats plus sérieux. Il en fut de même l'année suivante. Le traité de Vienne mit heureusement fin à la guerre, et don Carlos resta maître du royaume des Deux-Siciles (1735).

Charles VI mourut (1740). Marie-Thérèse eut alors à lutter contre la France, l'Espagne et la Bavière. Le roi de Sardaigne, suivant son habitude, nous abandonna, peu de temps après avoir adopté notre alliance.

Une armée considérable, sous les ordres du prince de Conti, contraignit la ville de Nice à lui ouvrir ses portes et pénétra dans le Piémont (1743). Le comte de Gages avait traversé les Alpes, après une lutte acharnée contre les Piémontais. On assiégea d'abord Démont, qui se rendit, puis Coni. Le roi de Sardaigne vint alors se poster à Murato, afin de livrer aux Français et aux Espagnols réunis une bataille rangée. Il espérait ainsi les contraindre à lever le siège de Coni. « Sur les neuf heures du matin, la 30 septembre 1744, les Piémontais, qui étaient arrivés proche de la Madone de l'Olmo, s'emparèrent de six ou sept cassines, et y mirent le feu. Le roi de Sardaigne, ayant pénétré les intentions des généraux des deux couronnes de recevoir la bataille, profita habilement de leur inaction. Les avantages du terrain, après avoir fait avancer son armée le long du chemin de Coni à Tarantasca; il couvrit toute la droite de son centre de son armée avec des chevaux de frise, dont les soldats portaient chacun quelques pièces. Cette fortification mobile embrassait en même temps le flanc droit de l'armée; l'artillerie était placée derrière les chevaux de frise, et quatre Navilles qui se trouvaient placées, les unes parallèlement, les autres perpendiculairement à son front, formaient des obstacles qui, avec quelques autres fossés secs, rendaient les abords de son centre et de

sa droite infiniment difficiles; sa gauche était moins couverte, l'ayant destinée à attaquer la redoute de la Madone, en face et en flanc; il y avait placé sa meilleure infanterie.

« L'armée des alliés était rangée sur deux lignes inégales, à cause du terrain, et avait un corps de réserve derrière le centre de la première ligne. Cette première ligne, composée de dix-sept bataillons, appuyait sa droite à la Madone del Olmo, qui avait été garnie de deux batteries, de trois pièces de canon chacune, de vingt compagnies de grenadiers. La gauche de l'infanterie de cette ligne était appuyée à une cassine retranchée, où l'on avait établi la brigade de Lyonnais. Onze escadrons de dragons couvraient ce flanc, et remplissaient un espace entre la cassine fortifiée et un camp de six bataillons, défendu par de bons retranchements, se trouvant à peu près au centre de la première ligne, et à la gauche, un peu en avant de la seconde. La cavalerie espagnole et française formait le reste de la première ligne, qui était appuyée à deux cassines où l'on avait placé quelques bataillons. La seconde ligne, composée de seize bataillons, avait la gauche de son infanterie appuyée à des cassines, au delà desquelles se trouvait le camp retranché, après lequel on avait placé des dragons français et espagnols, qui formaient la gauche de cette ligne. Le reste des trente-huit bataillons de l'armée des deux couronnes avait été mis en réserve. L'infant, avec cent gardes du corps, un régiment de cavalerie et quatre compagnies de grenadiers, se plaça derrière le camp retranché. On avait placé de l'artillerie sur tout le front de l'armée.

« À midi, le roi de Sardaigne fit attaquer la redoute de la Madone par un feu terrible de mousqueterie, soutenu par les grenadiers piémontais et environ trois mille Croates. Repoussés d'abord, des troupes fraîches les remplacèrent, qui furent repoussées elles-mêmes comme les autres. Le roi, s'assurant alors de l'impossibilité d'emporter la redoute s'il ne délogeait pas les corps espagnols qui la protégeaient en dehors par leur feu de flanc et celui de leur artillerie, se décida à les attaquer; mais ceux-ci étant restés inébranlables, de même que les régiments du Lyonnais et de Beauce, qui se trouvaient dans la cassine fortifiée de la première ligne, le roi de Sardaigne se trouva obligé de reculer. Le comte de Beaupréau sollicita vainement alors le prince de Conti de lui permettre de sortir de la cassine pour attaquer la batterie ennemie, la baïonnette au bout du fusil; le prince qui, sans doute, ignorait la difficulté, pour ne pas dire l'impossibilité, d'aborder le centre et la droite des alliés, avait formé le projet de les attaquer. S'étant convaincu par lui-même du danger de continuer des tentatives inutiles et périlleuses, il plaça sa cavalerie sur le flanc droit, des ennemis, et réussit, par ce moyen, à retenir toute cette partie pendant la bataille; tirant ensuite avantage de l'impossibilité où il se trouvait d'entourer les Piémontais sur leur droite, il se servit des troupes de sa gauche pour renforcer la brigade de Lyonnais, qui continuait de défendre la cassine, où une partie de l'action s'était concentrée. À l'arrivée de ce renfort, le comte de Beaupréau exécuta son projet favori; il marcha aux ennemis, les renversa, s'empara de leurs batteries, en pointa les canons contre eux; mais bientôt il en est obligé de céder au nombre et de reculer. Renforcé lui-même, il attaque et repousse les ennemis; les dragons des alliés combattent à pied, à cheval; l'artillerie de la Madone continue son feu avec la même vivacité; l'infanterie espagnole, qui appuie la redoute de la Madone, est inébranlable; le roi de Sardaigne fait de vains efforts; il se décide enfin à gagner la nuit pour se retirer avec plus de sûreté. Il forme alors une partie de son infanterie en colonne; il menace les batteries de la brigade de Lyonnais; pendant ce temps, la nuit s'approche; le reste de son armée défile insensiblement, et la colonne elle-même, favorisée par l'obscurité, le feu de trois pièces de canon et celui de quelque infanterie, disparaît en formant l'arrière-garde.

« Les patrouilles et les postes avancés s'aperçurent les premiers et assez tard, de cette retraite, et se mirent à suivre les ennemis; bientôt après on mit à leur suite six cents fantassins, mille cavaliers, qui firent plus de mille prisonniers, s'emparèrent des chariots chargés de munitions, des blessés dont les chemins étaient couverts de tous côtés, et trouvèrent des cassines en feu, dans lesquelles brûlaient une grande quantité de soldats ennemis morts, afin de cacher aux alliés la perte de l'armée piémontaise, qui se monta à environ cinq mille hommes[1]. » Affaiblie par des pertes considérables, l'armée franco-espagnole put se retirer sur Démont. Le maréchal de Maillebois, qui vint bien

[1]. Servan.

dre le commandement des Français, se joignit aux troupes de Gages. Il trouva les Autrichiens et les Piémontais rassemblés derrière le Tanaro entre Valence et Alexandrie. Le fils du maréchal fit alors une pointe sur Milan, de manière à attirer à lui les forces autrichiennes, ce qui permit à Philippe V d'écraser les Piémontais à Bassignano et de les rejeter dans les Alpes. Les Autrichiens, plutôt que d'être pris entre deux armées, préférèrent évacuer Alexandrie, Tortone, Parme, Plaisance, Milan, et se retirèrent derrière le Mincio.

Des ouvertures furent tentées pour séparer le roi de Sardaigne des Autrichiens, mais n'aboutirent à aucun résultat. Marie-Thérèse venait de faire la paix avec la Prusse (1745); elle en profita pour envoyer en Lombardie Lichtenstein à la tête de trente mille hommes. Nos troupes étaient en fort mauvais état ; Gages et Maillebois ne s'entendaient plus. Le dernier voulait reculer sous Gênes, afin d'y prendre position ; l'Espagnol tenait à rester à proximité de Parme. Tous deux payèrent leurs dissentiments par la perte de la bataille de Plaisance (juin 1746). Il fallut songer à la retraite et à évacuer le Piémont.

Gênes, cependant, impatiente du joug autrichien, venait de se révolter. Mais, réduite à ses propres forces, elle eût bientôt été contrainte de céder de nouveau, si la France ne lui eût envoyé le duc de Boufflers avec de l'argent et des hommes. Ce dernier se couvrit de gloire ; mais il ne vit point le résultat de ses travaux. Ce fut son successeur, le maréchal de Belle-Isle, qui acheva la délivrance de Gênes. Ce dernier, « toujours livré à son caractère entreprenant, imagina d'inquiéter alors le roi de Sardaigne pour le Piémont même, et fit remonter à cet effet le comte de Belle-Isle, son frère, jusqu'au delà de Briançon, pour forcer le col de l'Assiette, sur le chemin d'Exiles. Quatorze mille hommes, partagés en trois divisions, devaient l'attaquer en tête et à revers. Le comte, arrivé le premier au rendez-vous avec sa colonne, ne juge point à propos d'attendre les deux autres, et, sans artillerie, avec une témérité que le succès même ne pouvait excuser, il aborde les retranchements épais, construits sur un roc presque inaccessible, garnis d'une artillerie formidable, et défendus en partie par des déserteurs qui n'avaient pas de quartier à attendre, et par d'autres troupes, dont le nombre, encore problématique, a été enflé ou diminué, selon qu'on a voulu flétrir ou justifier l'entreprise du général français. Deux heures d'inutiles efforts, et pendant lesquels les Piémontais purent choisir leurs victimes à leur gré, coûtèrent aux Français deux mille blessés, quatre mille morts, presque tous leurs officiers, et parmi eux le chef imprudent qui les guidait, et qui planta en vain un drapeau dans les retranchements ennemis. Privé par ses blessures de l'usage de ses mains, il essayait encore avec plus de désespoir que de véritable courage d'arracher, dit-on, les palissades avec ses dents, lorsqu'il reçut le coup mortel. Après cet affreux désastre, qui arriva le 22 juillet, on se trouva trop heureux de pouvoir hiverner encore dans le comté de Nice [1]. » Le traité d'Aix-la-Chapelle, qui fut conclu sur ces entrefaites (1748), vint terminer la guerre de la succession d'Autriche et rendre la paix à l'Italie.

La fin du règne de Louis XV fut encore signalée par un événement important en ce qui nous touche. C'est alors que Gênes laissa échapper de ses mains la Corse, qu'elle possédait depuis près de six siècles. Plusieurs fois, la république s'était vue obligée de s'adresser à la France pour l'aider à conserver cette île ; lorsque Louis XV en négocia l'acquisition (1768), Gênes dut s'estimer contente de céder tous ses droits de propriété sur une conquête qu'elle sentait prête à lui échapper.

Les Corses n'acceptèrent point tout d'abord le nouveau gouvernement qui leur était imposé : ils résistèrent. Ce ne fut qu'en 1769 que l'île fut complètement soumise et put être tranquillement occupée par le général Marbeuf.

Cette même année 1769 marque glorieusement dans l'histoire de la Corse par la naissance du plus célèbre de ses fils, Napoléon. Ce grand homme, dont nous allons nous largement à nous occuper naquit le 15 août, c'est-à-dire, comme le remarque un historien, tout juste à temps pour être né Français.

1. Anquetil.

QUATRIÈME PARTIE.
—

BONAPARTE EN ITALIE
—

X.

La Révolution. — Les républiques italiennes. — Victoires de Bonaparte.

Un des grands effets de la révolution française de 1789 fut d'imprimer à toutes les nations un nouvel élan vers le progrès, en stimulant, en réveillant, ou en faisant naître chez elles l'amour de la liberté, le désir de l'indépendance nationale. L'Italie ne pouvait être indifférente à ce noble mouvement : elle rêva sa part d'affranchissement. Les quarante années de paix qui suivirent le règne de Louis XV et la chute de la domination espagnole, favorisèrent la régénération de la péninsule.

Sans doute, stimulée par les idées françaises, elle eût alors acquis cette unité politique qui lui était nécessaire, si les souverains qui la gouvernaient eussent compris le rôle qu'ils avaient à jouer. Mais leurs intérêts étaient trop différents de ceux de leurs peuples, la crainte de perdre leur autorité, implantée de force dans les provinces italiennes, les fit résister de tout leur pouvoir au courant révolutionnaire. L'Italie, par son manque de caractère et d'esprit public, n'était pas, il faut le reconnaître, à la hauteur des événements qui allaient surgir : l'énergie et l'union lui manquaient. Abusée sur la portée des actes inspirés à la France par la révolution, elle n'eut pas le courage de s'y associer et courba de nouveau la tête devant les souverains, d'origine étrangère, qui se partageaient son territoire.

Le roi de Sardaigne, plus que tout autre, pouvait avoir à craindre une agression française : il songea à prévenir l'orage. Il exhorta les souverains de l'Italie à une alliance défensive pour repousser toute influence et toute domination autre que la leur [1]. L'Autriche, le roi de Naples, le pape lui-même, qui crut devoir protéger la religion par les armes temporelles, s'unirent à Victor-Amédée. Seules, les républiques de Gênes et de Venise, refusèrent de prendre une attitude hostile et de contracter des engagements qui eussent pu les amener à une rupture avec la France. Leurs intérêts commerciaux commandaient cette conduite.

Les frères de Louis XVI, les comtes de Provence et d'Artois, celui-ci avec ses deux fils, s'étaient réfugiés à la cour du roi de Piémont. Turin devint alors le centre des complots politiques formés contre la France par les émigrés ; ce fut là qu'ils s'enregistrèrent ; de là aussi partirent toutes les agitations contre-révolutionnaires qui éclatèrent dans le Midi.

Le gouvernement de la république, pour amener le roi de Sardaigne à s'expliquer sur son attitude hostile, lui envoya un ambassadeur extraordinaire. M. de Sémonville ne put arriver jusqu'à Turin : un ordre du roi vint l'arrêter à Alexandrie et le forcer à retourner près de ceux qui l'avaient envoyé.

Cette nouvelle était à peine connue à Paris, que le conseil exécutif et l'assemblée législative déclaraient la guerre à la Sardaigne (1792). Le général Montesquiou reçut l'ordre de s'emparer de la Savoie. Après avoir défait, dans les gorges de Mians, les troupes du général Lazzari, il occupa Chambéry et presque tout le reste de la province. Le général Anselme et l'amiral Truquet, de leur côté, s'emparèrent de Nice, Montalban, Villefranche et Oneille. Un décret de la convention, promulgué à la fin de l'année, réunit à la France la Savoie et le comté de Nice.

Montesquiou ne tarda pas à être remplacé à l'armée des Alpes par Kellermann ; Brunet prit la place d'Anselme à l'armée du Var. Le combat de Sospello, livré le 13 février 1793 par Brunet, promettait une heureuse campagne ; mais on fut forcé d'interrompre les opérations, pour ne les reprendre qu'au mois de juin. Les efforts combinés de Dumerbion, Maïkousky, Artomann, Gardanne et Serrurier, qui

1. Ch. Botta.

Lac de Thoun — Interseen
Moudon
Wanderteg
Rhône F.
LAUSANNE
Villeneuve
Brig
BELLINZONA
SO
Gea
Thonon
Viège
Morbegn
Vauvenen
SION
Puhemann
Luella
Chiav
Menaggio
GENÈVE
Spoelena
Domo d'Ossola
Macagno
Varenna
Bonneville
Martigny
Plumal
Vigogna
Intra
Lugano
Belloggio
Frangy
Cluses
Liddo
Matt
Pallenza
Baveno
Lecco
Miones
Sallanches
Orta
Slaveno
Mandisio
Cavico
BERG
Annecy
Ouche
St Bernard
Sucis
Bergamanero
COMO
Cananniggia
Aosta Bata
Chatillon
Arona
Serta Calende
Saronno
Albens
Poivre
Morée
Romagnano
Gallarate
Barto
Albert Ville
Verres
Fte de Bard
Grignasco
Legnarello
Monza
CHAMBERY
Cognè
Setto Vitone
Biella
Legnano
MILAN
Crem
Montmeillan
Aiguebelle
Ivrée
Novare
Buffalora
LOD
Moutiers
St Martin
Ponte
Abbiategrasso
PIZ
Rives
St Jean de Maurienne
Saghia
Osfeto
Vigevimo
Melegnano
Lunbin
St Anthes
Modane
Frassinetto
Trino
Vercell
Mortara
Binasco
PAVIE
GRENOBLE
La Pavernette
Molaret
Chivasso
Verrua
Valle
Garlasco
Stradella
Vizille
Exilles
Antonio
Trinère
Casale
Valenza
Broni
Lafrey
Suse
S.Ambroe
Rivoli
TURIN
Prassinetto
Nosa
Montebello
PLA
Oulx
L'Enestrelle
Nona
Asti
ALEXANDRIE
Vaghera
Varsi
Travo
Laifure
Seane
Truffirollo
Tortone
Les Souchers
Briançon
Pignerol
Carmagnan
Tanaro R.
Marinago
Novi
Rochetta
Dubbio
Corpe
Chirin R.
Mardago
D
Boyen
L'Argentière
Cavor
Cherasco
Angusta
Govette
Montaamprin
P6
Savigliano
Acqui
Ronco
Arcona
GAP
Oiarges
Embrun
Paesana
Fosrano
Dego
Spigno
Decimo
Caglio
Salmes
Salnces
Millerimo
Voltri
Recca Pialla
Chiavari
Fivas
Vinadio
Conì
Mondovì
Ceva
Montenotte
GÈNES
Brao
Barcelonnette
Pusra
Denponte
Savone
Dalmas
Limone
Loano
Beaujon
Dobner
Vende
Albenga
GOLFE DE
DIGNE
Guillaume
Saorgio
Forcalquier
Malijay
Entrevaux
Vsr R.
Broglio
Oneglia
St André
La Roquella
Castellanne
Payrolles
Vordon R.
Grasse
NICE
Aix
Antibes
Cannes
DRAGUIGNAN
Fréjus
Brignoles
St Maxime
MARSEILLE
Aubagne
St Tropez
Ciotat
Toulon
Hyères
ILES D'HIÈRES
Calvi
Pieluggragia

PIÉMONT
GOLFE DE

Cencenighe
Agordo
S.Danile
Collalto
S.ta Pietro
Candate
Romazs
BELLUNE
Longarone
UDINE
Trente
Seravalle
Conegliano
Caravaz
Aquilejo
Riva
Roveredo
Cornuda
Tresiano
Portogruaro
TRIESTE
Capo d'Istri
Pirano
Bassano
CastelfrancoCividale
TREVISE
Caorle
Citlanova
Parenza
PESCHIERA
VERONE
VICENCE
Montebello
Arzegna
Dolo
VENISE
Pisino
MANTOUE
Villafranca
Lonige
Cologna
PADOUE
Rovigno
Goito
Este
Monselia
Adige
Adria
Polleszlle
Rovigo
Cento
Lupparo
Codigoro
Pomposa
MER
Sermide
FERRARE
S.Nicolo
Comacchio
DUCHÉ DE
Malabergo
Argne
Argenta
Reggio
MODENE
BOLOGNE
RAVENNE
MODENE
Medicina
Pietro
Imbla
Osta del Savio
Cervia
Pinaro
Brojano
Forli
Cesena
Rimini
Poretta
Filigaro
Cabrujajo
Ronta
Savignano
Covitella
Catolica
Pesaro
Pistoja
Borgofratti
Fano
Sinigaglia
Prato
Fontebuona
S.MARIN
Forconna
ANCONE
LUCQUES
Pescia
Antasnere
Sofia
Stia
Bibbiena
URBIN
Pergola
Loreto
FLORENCE
Incisa
Subbiano
Angelo en Vado
Aqualagna
Bessa Contrada
Scala
Cambiano
Ponticino
Caghi
Sasso Ferrato
MACERATA
PISE
Rotica
Poggibonsi
Arezzo
Città di Castello
Cansano
Guado Matelica
Lavorone
Fontecera
GRAND DUCHÉ
Rapitino
Galebio
Frutta
Scorrano
FERM
Castiglioncello
SIENNE
Cara
Cortona
Pasignano
Nocera
Volterra
Rosignano
DE
Bagnara
Alcina
Spello
Clecina
Bocchegiana
Paderna
PEROUSE
S.to Giovanni
Sibbona
S.ta Dalmazio
Petriolo
Fani
Clemenda
Foligno
ASCOLI
Castagnetta
TOSCANE
Ricorn
Radicofani
Treri
Narcia
Arsuada
Campiglia
Maera
Centino
Cerro
Spoleto
PIOMBINO
Scarlino
Grossetto
Aquapendo
Todi
Narni
Castiglione
Albarese
Orvieto
L. Bolsena
Teri
AQUILA
Montefiascone
Otricoli
Orbitello
Valentano
Tarnaulla
VITERBE
RIETI
Imposta
Leona
Salvatore

commandaient sous les ordres de Brunet, permirent alors aux deux armées des Alpes et du Var d'agir simultanément. Mais elles durent arrêter leur marche, en face des événements qui se passaient à l'intérieur. Lyon venait de s'insurger; Toulon était tombé par trahison au pouvoir des Anglais.

Les Austro-Sardes tentèrent alors de reprendre la Savoie; le général Gordon pénétra dans la Maurienne, fut repoussé non sans peine par le général Ledoyen, et, le 4 octobre, dut songer à opérer sa retraite devant les troupes de Kellermann, qui, commandant lui-même l'attaque, fit subir à l'ennemi des pertes considérables. A l'armée du Var, nos opérations n'avaient pas un moindre succès : Dumerbion, Dugommier et Masséna, forçaient l'ennemi d'abandonner ses positions, et de nouveau tendaient la main à l'armée des Alpes, qui restait maîtresse de la Savoie.

Ce fut le général Dumas qui ouvrit la campagne de 1794; il venait de remplacer Kellermann dans son commandement, et comptait sous ses ordres soixante-quinze mille hommes. En dépit du général autrichien de Winn et des deux fils de Victor-Amédée, il occupa le mont Cenis, le petit Saint-Bernard, fit une tentative sur Aoste et parvint à se mettre en rapport avec l'armée d'Italie, commandée par Dumerbion. Ce dernier, violant le territoire de Gênes, d'après le conseil même du général Bonaparte, qui commandait l'artillerie, tourna, par les sources du Tanaro, la forteresse du Saorgio; et, tandis que Masséna s'emparait de cette position, enlevait, le 19 floréal (juin 1794), à la tête de la division Macquart, le col de Tende et restait maître de toute la crête des Alpes, depuis les sources de la Stura jusqu'à celles de la Doria Baltea. Le combat du Caire, livré par les généraux Laharpe, Beaumont et Cervoni, et plusieurs engagements partiels furent les dernières opérations de la campagne de 1794.

L'année suivante se passa en grande partie à défendre les positions occupées par nos armées. Kellermann, avec une armée de trente mille hommes, mal vêtus, mal équipés, mal nourris, découragés, dut se maintenir sur une ligne de défense de plus de cent lieues de développement, et lutter à la fois contre les Piémontais, les Autrichiens et les Napolitains, qui, au nombre de cent mille environ, avaient de plus l'avantage d'être soutenus par les escadres anglaises.

La prudence de Kellermann et la sagesse de ses plans ne plurent toutefois pas longtemps au comité de salut public. Ordre fut donné au général de prendre l'offensive et d'attaquer Ceva. La disproportion qui existait entre ses forces et celles de l'ennemi le firent hésiter : dès lors, on songea à le remplacer. Ce fut le général Schérer qui lui succéda. Bravement secondé par Masséna, Laharpe, Serrurier, Victor, Augereau, il remporta, dès le début, une importante victoire à Loano, tourna l'aile gauche des Autrichiens, et les rejeta sur Acqui et sur Alexandrie (24 novembre 1795). Ce succès éveilla les craintes de l'Autriche. Un de ses meilleurs généraux, Beaulieu, fut chargé d'amener les renforts à l'armée alliée, et de chasser les Français de la rivière de Gênes, seule voie qui assurait leurs subsistances. Dirigeant son aile gauche sur Voltri par le col de Bocchetta, il établit aux sources de la Bormida son centre, commandé par d'Argenteau, et envoya à sa droite, sur les Alpes, Colli avec ses Piémontais.

XI.

Bonaparte prend le commandement en chef de l'armée d'Italie. — Campagne de 1796.

Telle était la position des troupes ennemies, lorsqu'un ordre du Directoire donna au général Bonaparte le commandement en chef de l'armée d'Italie. A partir de ce moment, chaque nouvelle étape est marquée par une victoire, chaque point du territoire italien rappelle un nouveau triomphe de nos armes.

Ainsi que nous l'avons déjà dit, l'armée alliée obéissait au commandement en chef du général Beaulieu. « Elle était munie de tout ce qui pouvait la rendre redoutable. Elle se composait d'Autrichiens, de Sardes, de Napolitains. Elle était double de l'armée française, et devait s'accroître

en nombre des contingents de Naples, du pape, de Modène et de Parme. Elle se divisait en deux grands corps; l'armée active autrichienne, composée de quatre divisions d'infanterie, de quarante-deux bataillons, quarante-quatre escadrons, et cent quarante pièces de canon, était forte de quarante-cinq mille hommes, sous les lieutenants généraux d'Argenteau, Mélas, Wukassowich, Liptay, Sebottendorf. L'armée active de Sardaigne, composée de trois divisions d'infanterie et d'une division de cavalerie, en tout vingtcinq mille hommes et soixante pièces de canon, était commandée par le général autrichien Colli, et par les généraux Provera et Latour; le reste des forces sardes tenait garnison dans les places, ou défendait les frontières opposées à l'armée des Alpes, sous le commandement du duc d'Aoste. L'armée française était composée de quatre divisions actives d'infanterie et deux de cavalerie, sous les ordres des généraux Augereau, Masséna, Laharpe, Serrurier, Stengel et Kilmaine[1]. » A côté de ces noms célèbres se plaçaient ceux non moins connus de Murat et Louis Bonaparte, deux futurs rois; de Lannes, Berthier, Bessières, Suchet, Brune, Victor, Marmont, Reille, qu'attendait le bâton de maréchal; enfin de Junot, Leclerc, Kellermann fils et Joubert.

Le premier soin du général en chef fut de retremper le courage des troupes par une proclamation qui ne leur dissimulait rien des souffrances et des dangers qu'il leur allait falloir braver, mais qui leur montrait en même temps la confiance qu'il avait en elles et ce qu'il en attendait. Elles savaient déjà ce qu'elles pouvaient attendre de lui.

« Soldats, leur dit-il, vous êtes nus, mal nourris; le gouvernement vous doit beaucoup; il ne peut rien vous donner. Votre patience, le courage que vous montrez au milieu de ces rochers sont admirables; mais ils ne vous procurent aucune gloire, aucun éclat ne rejaillit sur vous. Je veux vous conduire dans les plus fertiles plaines du monde. De riches provinces, de grandes villes seront en votre pouvoir; vous y trouverez honneur, gloire et richesses. Soldats d'Italie, manquerez-vous de courage ou de constance ? »

Le combat de Voltri (10 avril) et la bataille de Montenotte (12 avril) vinrent répondre à cet éloquent appel. En quelques jours, Bonaparte enfonça le centre de Beaulieu à Montenotte, sa droite à Millesimo, sa gauche à Dégo. Le résultat de ces brillantes affaires fut de séparer les armées autrichienne et piémontaise, Colli et Beaulieu, et de forcer le premier à se porter sur Ceva pour garantir Turin, tandis que le second battait en retraite vers Milan et s'apprêtait à défendre la Lombardie.

Bonaparte put alors concentrer une partie de ses forces contre Colli. Attaqué par les divisions Serrurier et Augereau, le général piémontais évacua son camp à la hâte dans la nuit du 17 avril, franchit le Tanaro et se réfugia derrière la Corsaglia, sur les hauteurs de Mondovi, d'où il ne tarda pas à être chassé par Serrurier. Cette bataille et celle de Vico, qui l'avait précédée, forcèrent l'ennemi de se retirer sur Chierasco. Il avait perdu trois mille hommes, huit canons et vingt et un drapeaux; nous avions, de notre côté, à déplorer la mort du général Stengel, qui fut remplacé dans son commandement par Murat. Vainqueur en dernier lieu à Chierasco, Bonaparte ne se trouvait plus qu'à dix lieues de Turin, lorsque, à la suite d'un armistice proposé par Colli, le roi de Sardaigne, Victor-Amédée, se décida à demander la paix. Ceva, Coni, Tortone et Alexandrie durent nous être remises comme places de sûreté pendant la guerre.

La proclamation suivante résuma les brillantes opérations qui venaient de signaler le commencement de la campagne :

« Soldats, vous avez, en quinze jours, remporté six victoires, pris vingt et un drapeaux, cinquante-cinq pièces de canon, plusieurs places fortes, conquis la plus riche partie du Piémont; vous avez fait quinze mille prisonniers, tué ou blessé dix mille hommes; vous vous êtes, jusqu'ici, battus pour des rochers stériles, illustrés par votre courage, mais inutiles à la patrie; vous égalez aujourd'hui, par vos services, l'armée conquérante de Hollande et du Rhin. Dénués de tout, vous avez suppléé à tout; vous avez gagné des batailles sans canons; passé des rivières sans ponts, fait des marches forcées sans souliers, bivouaqué sans eau-de-vie, et fort souvent sans pain. Les phalanges républicaines, les soldats de la liberté étaient seuls capables de souffrir ce que vous avez souffert. Grâces vous en soient rendues, soldats ! La patrie reconnaissante vous devra en partie sa prospérité, et, si, vainqueurs de Toulon, vous présageâtes l'immortelle

1. Gourgaud. *Mémoires de Napoléon.*

campagne de 1795, vos victoires actuelles en présagent une plus belle encore.

« Les deux armées qui vous attaquaient naguère avec audace furent épouvantées devant vous; les hommes pervers qui riaient de vos misères, et se réjouissaient, dans leur pensée, des triomphes de vos ennemis, sont confondus et tremblants: mais, soldats! il ne faut pas le dissimuler, vous n'avez encore rien fait, puisqu'il vous reste encore à faire. Ni Turin ni Milan ne sont à vous; les cendres des vainqueurs de Tarquin sont encore souillées par les assassins de Basseville. Vous étiez dénués de tout au commencement de la campagne, vous êtes aujourd'hui abondamment pourvus; les magasins pris à l'ennemi sont nombreux; l'artillerie de siége et de campagne est arrivée. Soldats; la patrie a droit d'attendre de vous de grandes choses; justifierez-vous son attente? Les plus grands obstacles sont franchis, sans doute; mais vous avez encore des combats à livrer, des villes à prendre, des rivières à passer. En est-il d'entre vous dont le courage s'amollisse? En est-il qui préféreraient retourner sur les sommets de l'Apennin et des Alpes, essuyer patiemment les injures de cette soldatesque esclave? Non, il n'en est pas parmi les vainqueurs de Montenotte, de Millesimo, de Dego et de Mondovi; tous brûlent de porter au loin la gloire du nom français; tous veulent humilier ces rois orgueilleux qui osaient méditer de nous donner des fers; tous veulent dicter une paix glorieuse, et qui indemnise la patrie des sacrifices immenses qu'elle a faits: tous veulent, en rentrant dans leurs villages, pouvoir dire avec fierté: Et moi aussi, j'étais de l'armée d'Italie!

« Amis, je vous le promets, cette conquête; mais il est une condition qu'il faut que vous juriez de remplir: c'est de respecter les peuples que vous délivrez, c'est de réprimer les pillages horribles auxquels se livrent quelques scélérats suscités par vos ennemis. Sans cela, vous ne seriez pas les libérateurs des peuples, vous ce seriez les fléaux; vous ne seriez pas l'honneur du peuple français, il vous désavouerait; vos victoires, votre courage, vos succès, le sang de vos frères morts aux combats, tout serait perdu, même l'honneur et la gloire.

« Peuples d'Italie, l'armée française vient pour rompre vos chaînes: le peuple français est l'ami de tous les peuples; venez avec confiance au-devant de lui: vos propriétés, votre religion et vos usages seront respectés. Nous ferons la guerre en ennemis généreux, et nous n'en voulons qu'aux tyrans qui vous oppriment. »

Les Italiens ne résistèrent pas aux sentiments généreux qui émanaient de cette proclamation: ils comprirent que la révolution française leur apportait la liberté, l'indépendance; et leur accueil ne contribua pas peu à accroître la rapidité des succès de Bonaparte.

L'Autriche maintenant se trouvait seule dans la lutte. Bonaparte se mit en devoir de prendre le Milanais. Il commença par faire croire au général Beaulieu que son intention était de passer le Pô à Valence; les Autrichiens se laissèrent prendre au piége et accumulèrent les moyens de défense de ce côté. Pendant ce temps, l'armée franchissait le fleuve à Plaisance, tournait ainsi la gauche de l'ennemi et le forçait à abandonner la ligne du Tessin. Celle de l'Adda fut encore enlevée au combat de Lodi (10 mai), à l'issue duquel il s'enfuit, abandonnant son matériel et deux mille cinq cents prisonniers. Le général Laharpe avait été tué la veille dans une sanglante échauffourée.

Le lendemain même (11 mai), Bonaparte fit son entrée dans Milan, où il fut accueilli en libérateur. Pavie et Crémone ouvrirent également leurs portes aux vainqueurs. Une révolte, qui eut lieu aux environs de Pavie, força le général français de revenir sur ses pas. Les paysans s'étaient réunis en masse et avaient occupé la ville; elle ne tarda pas à la reprise, et l'on put songer, après s'être emparé de Bergame et de Brescia, avoir culbuté Beaulieu dans le Mincio, pris Peschiera, Vérone et Leguago, à commencer le blocus de Mantoue.

Quelques détails empruntés à un tacticien feront connaître l'importance de cette ville. « La place, dit l'ouvrage que nous citons, est une des plus avantageusement situées pour la défense. Si l'importance d'une forteresse se mesurait à la durée de la résistance, elle serait sans contredit mise au nombre des premières de l'Europe: mais une place doit avoir un autre but: elle doit être située sur les deux rives d'un fleuve, pour en assurer le passage, ou dans une position stratégique avantageuse pour protéger des communications, ou procurer enfin à une armée battue une retraite avantageuse et un bon camp sous ses murs. La première

condition requise est de n'être pas dominée, la seconde est d'avoir des débouchés faciles, soit pour seconder les opérations d'un camp obligé d'y chercher un asile, soit pour que l'ennemi ne puisse l'y attaquer qu'avec des forces considérables.

« On sait que Mantoue ne remplit pas toutes ces conditions. Sa situation, au milieu d'un lac et d'un pays coupé de canaux, en rend ainsi le débouché très-difficile; on peut la bloquer avec peu de monde, en élevant quelques ouvrages sur les points inaccessibles. L'air pestilentiel qui y règne, joint à ces circonstances, en fera toujours un mauvais refuge pour une armée. Si elle acquit une grande célébrité dans cette campagne, la raison en fut plutôt dans l'état respectif des deux armées qui s'en disputèrent la possession que dans la bonté réelle de la place. Sa position stratégique sur la courte ligne du Mincio, entre le lac de Garda et le Pô, en faisait le principal mérite. Cet avantage n'eût pas beaucoup inquiété l'armée victorieuse, qui avait eu des forces suffisantes pour laisser un corps d'observation, et passer outre.

» Lorsque Beaulieu abandonna la place à son sort, elle ne se trouvait pas dans le meilleur état. La rapidité avec laquelle le théâtre de la guerre s'était rapproché de ses murs n'avait pas été prévue, et les palissades, les revêtements laissaient beaucoup à désirer. Le front du côté du lac, mal défendu, n'avait pour ainsi dire d'autre défense que la difficulté d'aborder. Dans les grandes chaleurs, le lac était très-bas, mais cela ne présentait qu'une difficulté de plus, parce qu'il devenait alors bourbeux et difficile à naviguer, sans être néanmoins guéable. Les approches de l'autre côté étaient encombrées de jardins, d'arbres, même de petits pavillons fort utiles aux assiégeants.

» Un conseil de défense avait établi la distribution des forces nécessaires pour s'y maintenir longtemps, et, d'après les bases arrêtées, on y avait jeté une garnison de treize mille hommes, dont onze mille d'infanterie, quelques escadrons de troupes à cheval, sept cents artilleurs, deux compagnies de mineurs et une de mariniers. Le nombre des canons en batterie s'élevaient à cent quatre-vingt grosses pièces de rempart, soixante-seize mortiers ou obusiers, et soixante pièces légères; au total, trois cent seize. Tout fut approvisionné pour quatre mois; et la garnison comptait dans ses rangs les troupes les plus guerrières. Le gouverneur Canton d'Ulio, ancien officier général, d'origine espagnole, jouissait d'une bonne réputation. Le général Rossel-mini se chargea de défendre la citadelle, avec sa division forte de trois mille cinq cents combattants. On confia la porte et l'ouvrage à cornes de Pradella au brave Wukasso-wich, qui commandait deux mille cinq cents hommes. Le colonel Salis eut à défendre l'ouvrage à couronne de Thé. Le général Roccavina, chargé de défendre les retranchements et le fort de Migliaretto, avait cinq bataillons sous ses ordres. Enfin, le colonel Sturioni, avec deux mille quatre cents hommes, devait surveiller le front du lac et garder Saint-Georges [1]. »

Les opérations du siége commencèrent le 16 juillet. Le 18, on ouvrit la tranchée; les travaux de la parallèle étaient poussés avec vigueur, lorsque tout à coup l'arrivée d'un nouveau corps d'armée autrichien, sous les ordres du général Wurmser, vint opérer une puissante diversion. Descendu par l'Adige à la tête de soixante mille hommes, ce général était parvenu à ravitailler la ville, et à faire entrer des renforts et même à en faire lever le siège. Rejeté au delà de l'Adige par les batailles de Lonato et de Castiglione, désormais immortelles, il fut obligé de continuer sa retraite, tandis que Masséna faisait lever le siège de Peschiera, et que Bonaparte entrait dans Vérone avec la division Serrurier. Cette dernière remit alors le blocus devant Mantoue.

Wurmser s'était retiré aux environs de Trente, où de nombreux renforts étaient venus le rejoindre. Laissant la garde du haut Tyrol à Davidowich, il s'avança sur Mantoue par les gorges de la Brenta. Deux nouvelles victoires s'inscrivirent à l'ordre du jour de l'armée: celle de Calfiano ou de Roveredo, qui coupa à l'ennemi toute communication avec le Tyrol; celle de Bassano, qui l'isola complètement du côté de l'Autriche. Wurmser s'enferma dans la citadelle de Mantoue avec les débris de son armée. Le blocus recommença sous la conduite du général Kilmaine. En même temps, nos divisions s'établissaient ainsi: celle de Masséna, à Bassano; celle d'Augereau, à Vérone; celle de Vaubois, à Trente.

Cependant, des événements d'une haute importance coïn-

1. Jomini, Guerres de la Révolution.

cidaient avec ceux que nous racontons. Charles-Emmanuel II montait sur le trône de Sardaigne et se rattachait à la politique française; la Corse, arrachée aux Anglais, rentrait sous notre domination; Gênes prenait hautement notre parti; Venise seule se tournait contre nous : persuadée que nous allions succomber dans la lutte, elle faisait, ainsi que le pape, cause commune avec l'Autriche et attirait sur elle la colère de Bonaparte. Moreau était contraint d'exécuter cette retraite fameuse qui a rendu son nom impérissable.

L'Autriche, encouragée par le succès remporté sur ce général, rassembla de nouvelles forces, destinées à faire lever le siège de Mantoue et à reconquérir l'Italie. Le général Alvinzi descendit, au commencement de novembre 1796, par le Frioul, afin de se joindre à Davidowich et de délivrer Wurmser.

Bonaparte aussitôt combine un plan d'attaque : il enfoncera Alvinzi sur les bords de la Brenta, enveloppera Davidowich et l'enlèvera dans les gorges du Tyrol. Malheureusement, le général en chef dut renoncer à ce dessein, en face de la faiblesse numérique de ses troupes. Il chargea Vaubois de contenir Davidowich; mais le général français fut bientôt obligé de se réfugier dans les défilés de Calliano, et les deux chefs de l'armée autrichienne fussent parvenus à opérer leur jonction, si Bonaparte, plus prompt, ne se fût aussitôt porté sur Caldiero.

Il fallait amener Alvinzi à livrer bataille avant l'arrivée de Davidowich; la garde de Vérone est confiée à Vaubois, tandis que la division d'Augereau reçoit l'ordre de se porter sur Arcole. Le 14 novembre, à l'entrée de la nuit, Bonaparte commence ses préparatifs. Par son ordre, les troupes du camp de Vérone prennent les armes, traversent la ville dans le plus profond silence, franchissent les ponts et se rangent sur la rive droite de l'Adige, prêtes à exécuter les ordres de leur général.

Laissons-le lui-même raconter cette bataille : « L'heure du départ, dit-il, la direction, qui est celle de la retraite, le silence que garde l'ordre du jour, contre l'habitude constante d'annoncer qu'on va se battre, la situation des affaires, tout enfin indique qu'on se retire. Ce premier pas de retraite entraîne nécessairement la levée du siège de Mantoue et présage la perte de l'Italie. Ceux des habitants qui plaçaient dans les victoires des Français l'espoir de leurs destinées, suivent inquiets et le cœur serré les mouvements de cette armée qui emporte toutes leurs espérances. Cependant, l'armée, au lieu de suivre la route de Peschiera, prend tout à coup à gauche, longe l'Adige et arrive avant le jour à Ronco : Andréossy achevait d'y jeter un pont. Aux premiers rayons du soleil, elle se voit avec étonnement, par un simple à gauche, sur l'autre rive. Alors, les officiers et les soldats commencent à deviner l'intention de leur général : il veut tourner Caldiero et porter son champ de bataille sur les chaussées entourées de vastes marais, où le nombre ne pourra rien, et où le courage des têtes de colonnes décidera de tout.

« L'espérance de la victoire ranime tous les cœurs, et chacun promet de se surpasser pour seconder un plan si beau et si hardi. Kilmaine était resté dans Vérone avec quinze cents hommes de toutes armes, les portes fermées, les communications sévèrement interdites. L'ennemi ignorait parfaitement le mouvement.

« Le pont de Ronco fut jeté sur la droite de l'Alpon : on obtenait l'avantage inappréciable d'attirer l'ennemi sur trois chaussées, traversant un vaste marais, et de se trouver en communication avec Vérone par la digue qui remonte l'Adige. Trois colonnes françaises s'engagèrent aussitôt sur les trois chaussées : celle du gauche remonta jusqu'à l'extrémité des marais, au village de Porcil, d'où elle apercevait les clochers de Vérone; il était alors impossible à l'ennemi de marcher sur cette ville. La colonne du centre se porta sur Arcole, où les tirailleurs français parvinrent jusqu'au pont sans être aperçus. Deux bataillons de Croates, avec deux pièces de canon, y bivouaquaient pour assurer les derrières de l'armée autrichienne. Le pays entre Arcole et l'Adige n'était point gardé; Alvinzi s'était contenté d'échelonner des patrouilles qui parcouraient les digues des marais sur les bords de l'Adige. Les Croates, par la position où ils se trouvaient, prirent en flanc la colonne dont la tête était sur Arcole. Elle se replia en toute hâte jusqu'au point où la chaussée cesse de prêter le flanc à la rive gauche de l'Alpon.

« Augereau, indigné de ce mouvement rétrograde de son avant-garde, s'élança sur le pont à la tête de deux bataillons de grenadiers; mais, accueilli par une vive fusillade de flanc, il fut ramené sur sa division.

« Alvinzi, instruit de cette attaque, pensa que c'étaient des troupes légères envoyées de ce côté pour l'inquiéter et pour masquer une attaque réelle qui déboucherait par le chemin de Vérone. Mais ses reconnaissances lui ayant rapporté que tout était tranquille du côté de Vérone, il dirigea une division sur la digue de gauche. Vers neuf heures, elles attaquèrent vivement. Masséna, qui était chargé de la ligne de gauche, avait laissé engager l'ennemi, courut au pas de charge, l'enfonça, lui causa beaucoup de pertes et fit un grand nombre de prisonniers.

« La même chose arriva sur la digue d'Arcole.

« Aussitôt que l'ennemi eut dépassé le coude de la chaussée, il fut attaqué au pas de charge, mis en déroute par Augereau, qui lui prit aussi des prisonniers et du canon; les marais furent couverts de cadavres.

« Il devenait de la plus haute importance de s'emparer d'Arcole, puisque de là, en débouchant sur les derrières de l'ennemi, on se fût emparé du pont de Villa-Nova sur l'Alpon, qui était sa seule retraite; mais Arcole résista à plusieurs attaques. Bonaparte voulut essayer un dernier effort de sa personne : il saisit un drapeau, s'élança sur le pont et l'y plaça. La colonne qu'il commandait l'avait à moitié franchi, lorsque le feu de flanc et l'arrivée d'une division ennemie firent manquer l'attaque.

« Les grenadiers de la tête, abandonnés de la queue, hésitèrent, puis reculèrent; mais ils ne voulurent pas se dessaisir de leur général : ils l'entraînèrent avec eux au milieu des morts, des mourants et de la fumée; il fut précipité dans un marais, et s'y enfonça jusqu'à la moitié du corps : il était au milieu des ennemis. Les grenadiers s'aperçurent que leur général était en danger; un cri se fit entendre : « Soldats ! en avant, pour sauver le général. » Ces braves revinrent aussitôt au pas de course sur l'ennemi, le repoussèrent jusqu'au delà du pont, et le général en chef fut sauvé.

« Cette journée fut celle du dévouement. Lannes, encore souffrant de la blessure qu'il avait reçue à Governolo, se plaça entre l'ennemi et le général en chef, le couvrit de son corps et reçut trois nouvelles blessures sans vouloir jamais le quitter.

« L'aide de camp Muiron fut tué en couvrant le corps de son général. Belliard, Vignoles, furent blessés en ramenant les troupes en avant. Le brave général Robert fut tué.

« Entre temps, le général Guieux avait passé l'Adige, à Albaredo, et Arcole fut pris à revers. Mais alors Alvinzi, instruit de l'état des choses, avait connu tout le danger de sa position. Il avait abandonné Caldiero en toute hâte, défait ses batteries et fait repasser le pont à tous ses parcs et réserves. Ce ne fut que vers les quatre heures que le général Guieux put marcher sur Arcole par la gauche de l'Alpon : le village fut enlevé sans coup férir, mais alors il était sans intérêt. Il était six heures trop tard; l'ennemi avait pris sa position naturelle; Arcole n'était plus qu'un poste intermédiaire entre le front des deux armées, tandis que le matin il était sur les derrières de l'ennemi. Toutefois de grands résultats avaient couronné cette journée. Caldiero était évacué, Vérone ne courait plus de dangers; deux divisions d'Alvinzi avaient été défaites avec des pertes considérables; de nombreuses colonnes de prisonniers et grand nombre de trophées défilèrent au travers du camp. Chacun reprit la confiance et le sentiment de la victoire[1]. »

Ce n'était encore là que le premier acte de cette bataille de géants, qui dura soixante-douze heures. Les journées du 16 et du 17 ne furent pas moins terribles que celle du 15. Enfin, grâce aux efforts combinés d'Augereau et de Gardanne, Arcole fut enlevé et les Impériaux forcés de battre en retraite devant la division de l'intrépide Masséna.

Alvinzi se dirigea vers Montebello et Vicence : il espérait joindre ainsi Davidowich; mais ce général, à la nouvelle de la défaite d'Arcole, s'était empressé de regagner les montagnes du Tyrol. Trop faible pour rien entreprendre avec ses seules ressources, Alvinzi dut aller prendre ses quartiers d'hiver derrière la Brenta, jusqu'à ce que l'arrivée de nouveaux renforts lui permît de tenter la délivrance du général Wurmser.

1. Gourgaud, *Mémoires de Napoléon.*

XIII.

Campagne de 1797. — Rivoli. — Prise de Mantoue.

Pendant que s'achevait cette immortelle campagne de 1796, l'Italie se transformait peu à peu ; elle se faisait tout doucement républicaine, au grand déplaisir du pape et de l'Autriche, qui s'y opposaient de tout leur pouvoir.

Donc, tandis que les principales villes du centre de l'Italie adoptaient nos principes et que Bologne devenait la capitale de la république *cispadane*, comme Milan l'était devenue de la république *transpadane*, l'Autriche cherchait à réunir dans une même ligue Venise, Turin, Naples et Florence. Le pape, de son côté, levait des troupes et se préparait à entrer dans la lutte.

Voici quel était, au commencement de la campagne de 1797, le nombre des soldats français : Dix mille hommes assiégeaient Mantoue ; Serrurier, qui les commandait, avait pour généraux de brigade Rampon, Leclerc, Brune, Monnier. Trente mille hommes composaient l'armée d'observation et les troupes de réserve. Celles-ci, campées à Salo et Dezenzano obéissaient aux ordres de Rey, général de division ; leurs généraux de brigade s'appelaient Murat, Baraguay-d'Hilliers et Guillaume. Vérone était gardée par Masséna, Legnano par Augereau, avec Point, Bon, Guien, Walther et Verdier. Enfin Joubert, qui venait de succéder à Vaubois, s'étendait avec les brigades Vial et Leblay sur Rivoli, la Corona et le Montebaldo. Quatre ou cinq mille hommes, laissés en garnison dans les différentes places nous complétaient un chiffre de quarante-cinq mille hommes.

Le plan des généraux Alvinzi, Provera et Davidowich était de débloquer Mantoue et, après avoir délivré Wurmser, d'opérer leur jonction dans la Romagne avec les troupes du Saint-Siège. En conséquence, l'ennemi concentre toutes ses forces du côté de Rivoli, où va se livrer une des plus mémorables batailles de l'époque (14 janvier 1797).

Tandis que Provera attaquait Augereau et Masséna, Joubert avait à soutenir l'effort de Davidowich et d'Alvinzi sur le plateau de Rivoli. Bonaparte appelle à lui les divisions Rey et Masséna, et vole au secours de son lieutenant. Le général en chef, dit un historien, « arriva à deux heures du matin à Rivoli. Le ciel était pur, la lune éclatante ; il put très-bien juger les forces et la position des Autrichiens, dont les feux embrasaient l'horizon : il les supposa de quarante à quarante-cinq mille hommes ; Joubert n'en avait que dix mille : il était temps d'arriver à son secours.

« Le principal corps ennemi, composé des grenadiers, de la cavalerie, de l'artillerie et des bagages, suivait la grande route antique le fleuve et le Monte-Baldo, et devait déboucher par la rampe en escalier ; il était sous les ordres de Quasdanowich. Trois autres corps, composés d'infanterie seulement, et commandés par Liptay, Ocksay et Koblos, avaient gravi les groupes de montagnes, et devaient arriver sur le champ de bataille en descendant l'amphithéâtre du Monte-Baldo. Un cinquième corps, sous les ordres de Lusignan, était placé de façon à tomber sur les derrières de l'armée française, pour la couper hors de la route de Vérone. Enfin, un sixième corps était détaché sur le fleuve, qu'il longeait extérieurement ; Wukassowich qui le commandait, se trouvait hors de ligne, et ne pouvait tout au plus envoyer des boulets sur le champ de bataille, en tirant d'une rive à l'autre. Placée sur ce plateau, l'armée française pouvait empêcher la jonction des différents corps ennemis ; elle foudroyait l'infanterie privée de ses canons, et refoulait l'artillerie et la cavalerie engagées dans le chemin tournant de l'escalier : peu lui importait qu'on lui lançât des boulets de l'autre rive, et que Lusignan fît des efforts pour se porter sur ses derrières.

« Bonaparte arrêta son plan avec sa promptitude accoutumée, et commença l'opération avant le jour ; il sentait qu'il fallait garder le plateau à tout prix, puisque c'était là que la bataille devait se gagner. Les troupes de Joubert, qui comptaient déjà quarante-huit heures de combat, furent les premières sur pied : elles attaquèrent les avant-postes de l'infanterie autrichienne, et les firent replier : c'était assez pour que les corps français pussent s'étendre plus largement sur le plateau.

« Peu après, l'action devint extrêmement vive. L'infanterie autrichienne, privée de ses canons, plia devant celle des Français, armée de sa redoutable artillerie, et recula vers l'amphithéâtre du Monte-Baldo. Mais le corps de Liptay, placé à l'extrémité de l'ennemi, donna sur la gauche de Joubert, la rompit, et l'obligea à se retirer en désordre. Heureusement la 14e demi-brigade, qui venait après, se forma en crochet, couvrit le reste de la ligne, et résista avec un courage héroïque à toutes les attaques des Autrichiens. Bonaparte, voyant le danger, laisse Berthier sur le point menacé, et part au galop chercher du secours. Masséna arrivait à peine, après avoir marché toute la nuit. Le général en chef se saisit de la 32e demi-brigade, et la porte à gauche pour rallier les deux demi-brigades qui avaient cédé. L'intrépide Masséna s'avance à la tête de la 32e, rallie derrière lui les troupes rompues, renverse tout ce qui se présente à sa rencontre, et va se placer à côté de la 14e, qui n'avait cessé de faire des prodiges de valeur. Le combat se trouvait ainsi rétabli sur ce point ; mais Joubert avait été obligé de se replier avec la droite, afin de suivre la retraite de la gauche, et déjà l'infanterie autrichienne se rapprochait une seconde fois du point qu'on avait eu tant d'intérêt à lui faire abandonner. Elle allait ainsi faire sa jonction avec l'escalier tournant.

« Au même instant, la colonne d'artillerie, précédée des grenadiers, gravissait le chemin tournant et repoussait tout ce qui lui était opposé. Wukassowich lançait, de l'autre côté du fleuve, une grêle de boulets pour protéger cette colonne. Enfin, Lusignan s'avançait sur les derrières, pour intercepter la route de Vérone, et barrer le chemin à la division de Rey, qui arrivait de Castel-Novo.

« Aussi, Bonaparte, resserré sur le plateau par une nuée d'ennemis, et n'ayant avec lui que les seules divisions Joubert et Masséna, formant tout au plus seize mille hommes, semblait perdu. Mais il conserve tout son sang-froid et communique aux soldats l'assurance de la victoire. Il ordonne sur-le-champ des mouvements décisifs. Une batterie d'artillerie légère et deux escadrons, conduits par deux braves officiers, Leclerc et Lassalle, sont lancés sur le débouché envahi ; Joubert, qui avait ce débouché à dos, fait volte face avec un corps d'infanterie. Ils attaquent tous à la fois : l'artillerie mitraille ce qui a débouché ; l'infanterie et la cavalerie chargent ensuite avec la plus grande vigueur : grenadiers autrichiens, cavalerie, artillerie sont ainsi précipités pêle-mêle dans l'escalier tournant. Quelques pièces plongeant sur le défilé augmentent l'épouvante et la confusion ; le désordre de cette colonne est horrible : à chaque pas, on lui écrase des masses, et on lui fait un grand nombre de prisonniers.

« Cependant, la division de Lusignan, trop sûre du succès d'Alvinzi, s'était avancée pour tourner les Français et leur couper la retraite. Bonaparte ne s'inquiète nullement de ce mouvement ; il laisse ces quatre mille hommes s'engager, et dit aux soldats : *Ceux-là sont à nous !* et les soldats répètent avec confiance la parole du général. Cette assurance constante de la victoire peut en être regardée comme une des causes les plus immédiates.

« Après avoir délivré le plateau des assaillants qui l'escaladaient, et les avoir précipités dans le défilé, où on les poussait sans relâche, Bonaparte reporte ses coups sur l'infanterie, rangée en demi-cercle devant lui. Il jette sur Joubert, avec l'infanterie légère, et Lassalle avec deux cents hussards. Cette nouvelle attaque porte l'épouvante au milieu de l'infanterie ennemie, qui avait déjà perdu l'espoir de faire sa jonction avec la colonne refoulée dans l'escalier. Alors toute la ligne française s'ébranle de la droite à la gauche, pousse les Autrichiens contre l'amphithéâtre du Monte-Baldo, et les chasse dans les montagnes.

« Bonaparte laisse des troupes à la poursuite de l'infanterie autrichienne, et accourt sur les derrières pour réaliser sa prédiction sur le corps de Lusignan. Ce corps, témoin du désastre de l'armée autrichienne, voit aussitôt le sort qui lui est réservé, il est tout prêt d'être mitraillé par les Français, puis chargé à la baïonnette par la 18e et la 75e demi-brigade, qui se jettent sur l'ennemi en entonnant le *Chant du Départ*. Lusignan est repoussé dans la direction de Vérone. En cet instant, le général Rey arrivait, par cette route, avec la division de réserve. Le corps autrichien va donner contre la tête de cette division, qui le reçoit chaudement ; ainsi placé entre deux feux, il ne reste à Lusignan qu'à implorer la clémence du vainqueur. Ses quatre mille hommes mettent bas les armes. Déjà nous avions fait plus de dix mille prisonniers dans les défilés.

« Avant cinq heures, l'armée autrichienne était anéantie. La division de Lusignan était prise en entier ; l'infanterie, venue par les montagnes, fuyait dans des rochers affreux ; la colonne principale était engouffrée sur les bords du

fleuve, et le corps accessoire de Wukassowich, assistait à ce
spectacle sans pouvoir être d'aucun secours[1]. »

Le lendemain, Bonaparte se porta sur Mantoue. Victor,
à la tête de la 57e demi-brigade, surnommée la terrible,
avait quitté Vérone, selon les ordres du général en chef, et
marchait du même côté.

La bataille de la Favorite fut livrée le 16 janvier. Provera, battu, dut se rendre, tandis que Wurmser, qui avait
fait une sortie, se vit obligé de rentrer dans Mantoue et se
décida enfin à capituler.

Bonaparte put songer au Saint-Père, qui n'avait pas craint
d'armer contre nous. Victor venait d'être nommé général
de division : il descend dans la Romagne, écrase sur les
bords du Senio les troupes papales, commandées par le général Colli, et ne laisse à Pie VI d'autre ressource que celle
de demander la paix. Elle fut signée, le 19 février, à To-
lentino; l'abandon de Bologne, de Ferrare, d'Ancône, de la
Romagne, le payement de trente millions, la cession d'une
certaine quantité d'objets d'art, de cent tableaux entre
autres et de cinq cents manuscrits, en furent les conditions.

Bonaparte adressa à l'armée la proclamation suivante,
qui, tout en résumant les glorieux services qu'elle avait
rendus à la patrie, lui apprenait que la guerre était loin
d'être terminée :

« Soldats! la prise de Mantoue vient de finir une campagne qui vous a donné des éternels titres à la reconnaissance de la patrie.

« Vous avez remporté la victoire dans quatorze batailles
rangées et soixante-six combats; vous avez fait cent mille
prisonniers, pris à l'ennemi cinq cents pièces de campagne,
deux mille de gros calibre, quatre équipages de pont. Les
contributions mises sur le pays que vous avez conquis ont
nourri, entretenu, soldé l'armée pendant toute la campagne;
vous avez en outre envoyé trente millions au ministère des
finances pour le soulagement du Trésor public. Vous avez
enrichi le musée de Paris de plus de trois cent objets,
chefs-d'œuvre de l'ancienne et nouvelle Italie, et qu'il a
fallu trente siècles pour produire.

« Vous avez conquis à la république les plus belles contrées de l'Europe. Les républiques lombarde et cispadane
vous doivent leur liberté; les couleurs françaises flottent
pour la première fois sur les bords de l'Adriatique, en face
et à vingt-quatre heures de navigation de l'ancienne Macé-
doine; les rois de Sardaigne, de Naples, le pape, le duc de
Parme se sont détachés de la coalition de nos ennemis et
ont brigué notre amitié; vous avez chassé les Anglais de Livourne, de Gènes, de la Corse. Mais vous n'avez pas encore
tout achevé; une grande destinée vous est réservée; c'est en
vous que la patrie met ses plus chères espérances; vous
continuerez à en être dignes.

« De tant d'ennemis qui se coalisèrent pour étouffer la
république à sa naissance, l'empereur seul reste devant
nous. Vous allez chercher la paix dans le cœur de ses États
héréditaires. Vous y trouverez un brave peuple, accablé par
la guerre qu'il a eue contre les Turcs et par la guerre actuelle. Les habitants de Vienne et des États d'Autriche gé-
missent par l'aveuglement et l'arbitraire de leur gouvernement. Il n'en est pas un qui ne soit convaincu que l'or de
l'Angleterre a corrompu les ministres de l'empereur. Vous
respecterez leur religion et leurs mœurs; vous protégerez
leurs propriétés; c'est la liberté que vous apporterez à la
brave nation hongroise.

« La maison d'Autriche, qui depuis trois siècles, va perdant à chaque guerre une partie de sa puissance, qui mé-
contente ses peuples en les dépouillant de leurs privilèges,
se trouvera réduite à la fin de cette sixième campagne,
puisqu'elle nous contraint à la faire, à accepter la paix que
nous lui accorderons, et à descendre dans la réalité au rang
des puissances secondaires, où elle s'est déjà placée en se
mettant à la solde et à la disposition de l'Angleterre. »

La fin de cette proclamation disait assez hautement les
intentions du général en chef : c'était chez elle, sur son
propre territoire, qu'il voulait aller combattre l'Autriche. Un
ordre du Directoire lui amenait des renforts, tirés des armées du Rhin et de Sambre-et-Meuse, commandés par Delmas et Berthier : fort de quatre-vingt mille hommes, il put
alors marcher avec assurance contre le jeune et déjà célèbre
archiduc Charles.

Masséna fut chargé de déblayer la haute Piave; tandis que
ce général enveloppait Lusignan et le faisait prisonnier avec
sept cents hommes, Bonaparte s'avança en personne vers

1. Léonard Gallois, Hist. de France.

l'archiduc et lui offrit la bataille dans les plaines du Tagliamento (13 mars 1797). Ce fleuve, dit un historien que nous
avons déjà cité, roule sur du gravier, et se divise en une
multitude de bras, tous guéables quand la fonte des neiges
ou les pluies ne le transforment pas en torrents impétueux.
L'armée autrichienne était déployée sur l'autre rive, labou-
rant les grèves de ses boulets, et tenant sa belle cavalerie
déployée sur ses ailes, afin d'en tirer parti dans ces plaines
si favorables aux manœuvres de cette arme. Bonaparte porta
les divisions Guieux et Bernadotte sur les bords du Tagliamento, la première devant le village de Gradisca, où était
l'ennemi, et la seconde en face de Godroipo. Il avait laissé
Serrurier en réserve à Vavalsona. La canonnade commença
le 16 mars, et il y eut quelques escarmouches de cavalerie
sur les graviers; Bonaparte, trouvant l'ennemi trop préparé,
fit cesser le feu, et feignit de donner du repos à ses soldats.
Mais à midi les Français reprennent les armes, les divisions se déploient en un instant, et l'armée française
s'avance en bon ordre sur les bords du fleuve, avant de
donner le temps aux Autrichiens de reprendre leurs positions du matin. Bientôt l'infanterie légère se disperse, et
couvre les bords du Tagliamento d'une nuée de tirailleurs;
l'artillerie s'approche à gauche, et foudroie
l'ennemi, et la seconde en face de l'autre rive. Alors Bonaparte donne le signal; les grenadiers des deux divisions, appuyés par la cavalerie, s'avan-
cent vers l'autre bord! « Soldats du Rhin! » s'écrie Bernadotte,
« l'armée d'Italie vous regarde! » Et les vieux soldats du
Rhin tondent sur les Autrichiens avec la même bravoure
que ceux de Guieux. L'armée ennemie est abordée et repoussée. L'archiduc Charles avait placé un gros corps de
cavalerie à Gradisca, vers notre gauche, et tenait sa cavalerie sur notre droite pour nous déborder. La division Guieux
attaqua Gradisca avec furie et s'en empara. De l'autre côté,
Bonaparte lança la cavalerie française sur celle de l'ennemi;
le général Dugua et l'adjudant-général Kellermann chargent
avec impétuosité, font prisonnier le général de la cavalerie
autrichienne, et mettent celle-ci en fuite. En peu de temps,
le Tagliamento est franchi sur toute la ligne, et le prince
Charles se voit obligé de se retirer promptement, nous
laissant nombre de prisonniers; la nature du terrain ne
permettait pas de le poursuivre vivement[1]. « On le laissa
se porter sur Tarvis, où fut livré, huit jours plus tard, un
nouveau combat qui nous rendit maîtres de vingt-cinq canons, cinq mille prisonniers et quatre cents fourgons.

Joubert, pendant ce temps, avait à combattre les généraux Kerpen et Landon. Après les avoir défaits en plusieurs
rencontres, il rejoignit le corps d'armée de Bonaparte, qui
poussait toujours en avant, et qui n'était déjà plus qu'à
trente lieues de Vienne, lorsqu'à la suite d'un armistice de
cinq jours, la paix fut convenue entre l'Autriche et la république française (17 avril), et les préliminaires arrêtés.

Au milieu de ces succès, plusieurs villes faisant partie
des États de Venise jugèrent le moment venu de se soustraire à l'autorité aristocratique du doge : Bergame, Brescia,
Crême se proclamèrent indépendantes. Le sénat répondit à
cette insurrection en attaquant Brescia, puis Vérone; le
15 avril, cette dernière ville, tombée au pouvoir des paysans,
assistait au massacre des Français restés malades dans les
hôpitaux; plus de quatre cents furent jetés dans l'Adige.
Un tel fait ne pouvait rester impuni : Bonaparte s'apprêta
à tirer vengeance de ces sanglantes Pâques véronaises. Venise demanda grâce. « Vous avez, répondit Bonaparte, exposé le lion valétudinaire de Saint-Marc contre la fortune
d'une armée qui trouverait dans ses dépôts et ses flèches
seuls de quoi franchir vos lagunes et vous détruire. Un gouvernement aussi bien servi par ses espions que le vôtre,
doit connaître les instigateurs des assassinats. Au reste, je
sais bien qu'il est aussi méprisé que méprisable, qu'il ne
peut plus désarmer ceux qu'il a armés, mais je les désarmerai
pour lui. J'ai fait la paix : j'ai quatre-vingt mille hommes :
j'irai briser vos plombs; je serai un second Attila pour Venise; je ne veux plus ni inquisition ni livre d'or : ce sont
des institutions des siècles de barbarie. Votre gouvernement
est trop vieux, il faut qu'il s'écroule. Vous m'attendrez à
mon retour pour me couper la retraite. Eh bien! me voici,
je ne veux plus traiter, je veux faire la loi... »

En présence d'une volonté aussi ferme, il n'y avait pas à
hésiter : le doge Louis Manin et le sénat firent leur soumission. Une commission provisoire fut nommée : Venise put
espérer que son indépendance lui serait conservée. Mais le
traité de Campo-Formio, signé, d'après les préliminaires de
Léoben, par les plénipotentiaires français et autrichiens

1. Léonard Gallois, Hist. de France.

17 octobre), consomma la chute de la république vénitienne. Son territoire fut livré à l'Autriche, en indemnité de Bruxelles, Milan, Modène et Mantoue.

La situation politique de l'Italie, à la fin de cette immortelle campagne de 1797, présentait un ensemble assez curieux. D'aristocratique qu'elle était auparavant, elle était devenue essentiellement républicaine. Les idées françaises avaient germé et portaient leur fruit; à peine s'il restait un État qui ne cherchât point à substituer à la domination déjà existante un gouvernement calqué sur celui de la république française.

Rome elle-même, vaincue par la contagion de l'exemple, eut ses idées d'indépendance. Fatiguée des papes et de ce gouvernement clérical sous lequel elle ne trouvait qu'abrutissement et misère, elle leva à son tour l'étendard de la révolte. Du fond du Vatican, le pape envoya ses troupes contre les séditieux, pour réprimer le mouvement insurrectionnel. Les libéraux cherchèrent un refuge auprès du représentant de la France, Joseph Bonaparte, qui réclama l'inviolabilité de son palais. Les troupes pontificales ne tinrent aucun compte de cette démarche et elles persistèrent à vouloir exécuter les ordres qui leur avaient été donnés, si bien que Joseph Bonaparte crut devoir quitter immédiatement la ville afin de demander justice au Directoire. Le général Duphot, exaspéré de la conduite du pape, s'était témérairement élancé sur les troupes romaines, et avait trouvé la mort au milieu de la bagarre. Cet assassinat que rien ne justifiait et qui, en dehors de la juridiction criminelle, constituait une violation du droit des gens, émula le gouvernement de la république. Berthier reçut l'ordre d'entrer dans Rome. Pie VI s'était réfugié dans le château Saint-Ange; il fut obligé de capituler, et, le lendemain (15 février), d'abdiquer. Malgré ses protestations, la république romaine fut proclamée, et les commissaires français promulguèrent une constitution, contre laquelle se soulevèrent en vain, quelques jours plus tard, les partisans du pape. Celui-ci alla mourir à Valence (France), le 12 août 1799. Il fut remplacé par le cardinal Chiaramonti, qui prit le nom de Pie VII.

XIII.

Le Directoire. — Bataille de Novi. — Mort de Joubert. — Bonaparte revient d'Égypte.

Les gouvernements étrangers voyaient avec peine l'influence toujours croissante de la république française. L'Angleterre, la Turquie et la Russie, formèrent une ligue, dans laquelle entrèrent et l'Autriche et le roi de Naples. Celui-ci commença par assembler une armée de quarante mille hommes, et, sûr de l'appui des Anglais, envahit le territoire romain. Son armée, commandée par le général autrichien Mack, put entrer sans difficulté à Rome : le général Championnet, appelé par le Directoire à remplacer Joubert à la tête du corps d'armée de Rome, avait évacué cette ville et s'était retiré entre Civita-Castellana et Civita-Ducale, où il se préparait à prendre l'offensive.

Bravement secondé par les généraux Lemoine, Kellermann et Macdonald, qui battirent l'ennemi dans plusieurs combats, entre autres à Terni, Magliano, Nepi, Borghetto, Rignano, il força en peu de jours Ferdinand de Naples à évacuer Rome et à se retirer dans ses États. Joubert, pour punir le roi de Sardaigne de s'être allié avec l'Autriche, se portait en même temps dans le Piémont, et, à la tête des divisions Victor et Dessolles, se rendait maître des places d'Alexandrie, Coni, Novare, Suse, Verceil, et entrait enfin à Turin, où Charles-Emmanuel n'eut plus d'autre parti à prendre que celui d'abdiquer. Il se retira dans la Sardaigne, dont la souveraineté lui était conservée.

Une fois débarrassé du roi de Piémont, Championnet revint sur celui de Naples. Les forteresses de Gaète, Popoli, Pescara, tombèrent en son pouvoir; il en eût été de même de Capoue, si Championnet n'eût cru devoir accepter un armistice de deux mois, que Mack lui proposait.

Pendant ce temps, Naples était en pleine insurrection. Le roi et la reine se réfugièrent en Sicile, laissant aux lazzaroni le soin de défendre la ville. Quelques assauts des plus meurtriers furent livrés et nous rendirent maîtres de la place. Ce fut la dernière heure de la royauté à Naples :

Championnet, en y entrant, proclama (23 janvier 1799), la république parthénopéenne.

La Toscane seule possédait encore un gouvernement despotique; mais son tour était venu. Berthier marcha sur Florence, contraignit le grand-duc Ferdinand à quitter le pays, et créa un gouvernement provisoire chargé d'organiser la république.

Malgré les actes du Congrès de Rastadt, il s'en fallait que la guerre fût terminée. Les Autrichiens, au mépris des conventions, continuaient d'armer contre nous; les hostilités reprirent comme de plus belle.

Bonaparte n'était plus là pour défendre la république : l'expédition d'Égypte venait de commencer, et la victoire semblait, de ce côté-là encore, s'être attachée aux pas du jeune général.

Les cent mille hommes qui composaient alors nos forces en Italie, étaient divisés en deux armées distinctes : l'armée d'Italie proprement dite et celle de Naples. Schérer reçut le commandement de la première; Macdonald remplaça, à la tête de la seconde, le brave Championnet, qui, par sa conduite loyale, s'était attiré la disgrâce du Directoire.

Les Autrichiens étaient au nombre de quatre-vingt-dix mille hommes, dont soixante mille commandés par le général Kray; ils attendaient en outre vingt-mille Russes, que devait leur amener Souwaroff.

Kray se trouvait campé sur l'Adige dans d'excellentes positions. Schérer eut le malheur de disséminer ses troupes et d'hésiter sur le parti à prendre : malgré les efforts de Victor, Hatry, Moreau, Serrurier, qui séparément remportèrent de brillants avantages, il fut repoussé sous Vérone et à Magnano, et dut se retirer sur le Mincio, puis sur l'Oglio.

Alors arrivèrent les Russes de Souwaroff, qui portèrent à cent dix mille le nombre de nos ennemis. Souwaroff en prit le commandement en chef, tandis que Schérer en était réduit à laisser le sien aux mains de Moreau.

Les divisions Grenier et Victor parvinrent d'abord à arrêter la marche des Austro-Russes, qui s'avançaient sur Cassano; mais ils durent céder à la supériorité du nombre. Serrurier, de son côté, venait de mettre bas les armes, après avoir résisté aux efforts de toute l'armée coalisée.

Moreau songea dès lors à la retraite. Il se dirigea sur Milan, puis sur Turin, où il laissa garnison, et alla s'établir aux environs d'Alexandrie, entre le Pô et le Tanaro, de façon à couvrir à la fois la route d'Asti à Turin et Cuni, ou celle d'Acqui vers Nizza et Savone. Sa droite appuyée à Alexandrie et sa gauche à Valence, il avait le double avantage de réduire sa ligne de défense à trois ou quatre lieues et de mettre Souwaroff dans l'impossibilité d'attaquer Turin, tant qu'il conserverait cette position [1]. Mais les fautes de Schérer devaient porter leur fruit. Souwaroff, après quelques échecs assez graves, s'était porté au-devant du général Macdonald, qui cherchait à opérer sa jonction avec Moreau : les Austro-Russes rencontrèrent nos troupes sur les bords de la Trebbia (17 juin), leur livrèrent plusieurs combats, où la victoire fut rudement disputée, et forcèrent enfin Macdonald à chercher un refuge derrière la Nura.

Moreau cherchait de son côté à se réunir à Macdonald. Il avait déjà battu plusieurs fois les troupes de Bellegarde qui lui barraient le passage, lorsque, au moment de marcher sur Plaisance, la nouvelle de la reddition de Turin à Souwaroff vint le contraindre à reprendre sa première position aux environs d'Alexandrie.

En présence de la situation désastreuse où nous nous trouvions alors en Italie, le Directoire s'émut, leva de nouvelles troupes et donna à Joubert le commandement en chef de l'armée d'Italie. Championnet fut mis à la tête de l'armée des Alpes.

La première moitié d'août fut signalée par différents engagements où l'avantage resta presque toujours de notre côté. Aussi Joubert se décida-t-il à tenter une opération décisive. Le 14, il rangea son armée en face des troupes de Souwaroff; sa droite fut appuyée à la Scrivia, sa gauche à Pasturana, son centre à Novi. Croyant ses forces égales à celles du général russe, il s'apprêtait à livrer bataille, lorsqu'il apprit que Mantoue et Alexandrie venaient de capituler. Ces deux succès avaient permis au général Kray de venir rejoindre Souwaroff avec vingt-trois bataillons. Joubert prit le parti de se retirer; mais il n'était plus temps. La sanglante bataille de Novi fut livrée, le 15, et perdue par nous. Le général en chef, Joubert, trouva la mort au milieu de l'action.

[1] Jomini.

Les alliés, qui, de leur côté, eurent à déplorer des pertes presque égales aux nôtres, nous tuèrent quinze cents hommes, firent trois mille prisonniers, parmi lesquels quatre généraux, et s'emparèrent de trente-sept canons et de quatre drapeaux. Nous eûmes en outre environ cinq mille blessés.

Moreau, au moment où Joubert avait été blessé à mort, s'était saisi du commandement. Grâce aux mouvements de Championnet, il put effectuer sa retraite sans être inquiété par Souwaroff, que les succès de Masséna et de Lecourbe obligèrent de se porter en Suisse. Mais les Français, rejetés dans la rivière de Gênes, n'en durent pas moins laisser l'Italie presque tout entière au pouvoir des armes alliées.

Garnier, assiégé dans Rome, fut forcé de capituler, le 30 septembre; treize jours après, Monnier se trouva dans la même situation à Ancône. La première de ces villes fut occupée par les Napolitains, la seconde par les Autrichiens. Les rigueurs, les actes de vengeance exercés par les vainqueurs, ne furent pas moindres dans l'une que dans l'autre. La péninsule, qui, un moment, avait pu espérer que le triomphe des armes françaises allait faire naître pour elle cette indépendance après laquelle elle soupirait depuis si longtemps, prêta la main à l'affreuse réaction. Aussi l'asservissement de l'Italie était-il sur le point de redevenir plus complet encore qu'auparavant, si cela est possible, lorsque le général Bonaparte revint d'Égypte.

XIV.

Campagne de 1800. — Passage du mont Saint-Bernard. — Bataille de Marengo. — Traité de Lunéville.

Le 18 brumaire, en le créant chef du gouvernement, ne changeait pas seulement la situation de la France : il sauvait en même temps l'Italie de la domination autrichienne.

Le premier consul, avant de porter ses regards sur le terrain où devait s'effectuer la lutte, commença par prendre ses dispositions pour avoir le moins possible d'ennemis à combattre. Les démarches de la politique parvinrent à maintenir la neutralité du cabinet de Berlin. « Il détacha entièrement de la coalition l'empereur de Russie, Paul Iᵉʳ, qui renouvela avec le Danemarck et la Suède la déclaration de 1780 au sujet de la ligue des neutres faite en hostilité de l'Angleterre. Enfin pour rendre disponibles, soit sur le Rhin, soit aux Alpes, les troupes que retenait encore la guerre civile en Vendée, il sut amener les chefs vendéens à une capitulation qui fut signée le 28 ventôse (18 janvier 1800) et suivie d'une pacification complète le mois suivant. » Ces résultats obtenus, Bonaparte songea à l'exécution du plan qu'il avait conçu et qui devait occuper la campagne de 1800.

L'Autriche avait alors en Souabe cent-cinquante mille hommes sous les ordres du général Kray. « Par son aile gauche appuyée à la Suisse et son aile droite à l'Alsace, cette armée gardait non-seulement tous les débouchés du Rhin par où les armées françaises pouvaient pénétrer en Allemagne, mais encore elle pouvait, en dégarnissant son aile gauche, envahir la Suisse. Là était le feld-maréchal Mélas qui, avec cent vingt mille hommes, devait, après avoir réduit Masséna bloqué dans Gênes, envahir la République par l'Apennin, le Var, donner la main à une flotte anglaise qui côtoyait la Méditerranée et aux émigrés du Midi secrètement organisés. Tout cela formait un contingent de forces formidables; mais entre les deux armées autrichiennes, la Suisse se trouvait inoccupée, et cette faute capitale servit de point de départ au plan de Bonaparte. Ce plan consistait, en Allemagne, à faire refouler, par Moreau, sur le haut Danube, l'armée autrichienne du général Kray, et l'empêcher par là d'envoyer aucun secours en Italie. Ce résultat obtenu, et pendant que Masséna, tenant dans Gênes jusqu'à la dernière extrémité, occuperait assez l'armée autrichienne pour la forcer de rester en Ligurie, Bonaparte devait franchir les Alpes par le Saint-Bernard, déboucher en Piémont, courir à Milan, soulever la Cisalpine derrière le feld-maréchal Mélas, couper sa ligne de communication et le forcer d'accepter une bataille

décisive, qui, si Bonaparte était vainqueur, faisait tomber en son pouvoir une armée tout entière qui n'avait plus de retraite. »

Pour arriver à son but, le premier consul avait à réunir des forces considérables. Il organisa, en conséquence, une armée, dite de réserve, dont le quartier général fut établi à Dijon. « Pour tromper les nombreux espions que les ennemis avaient envoyés dans cette ville, afin de leur rendre compte de nos mouvements, il ne s'y trouvait que sept à huit mille hommes, conscrits pour la plupart. Mais des régiments, dont une partie venait de la Vendée, filaient sur d'autres points sans attirer l'attention; il en était de même de l'artillerie et du matériel de l'armée; les conscrits étaient en marche pour rejoindre leurs corps, et les divisions se formaient en route, prêtes à franchir les Alpes. Ce que le premier consul avait prévu arriva; à Vienne et à Turin, on se moquait de l'armée de réserve, que l'on considérait comme un épouvantail imaginaire, dans le moment où celle-ci, formant un effectif de trente-cinq mille hommes, avec quarante canons, auxquels devaient venir se joindre les quinze mille hommes de Moncey, se réunissait au pied du mont Saint-Bernard : deux millions de rations de biscuits étaient alors déjà arrivés à Genève pour son approvisionnement [1]. »

Tout cela s'était fait si vite et si secrètement que, quand l'ennemi s'aperçut que l'armée était organisée, il n'était plus temps de s'opposer à ce qu'elle pénétrât en Italie.

Après avoir passé à Genève une revue générale, Bonaparte lança son avant-garde, commandée par le général Lannes, dans les gorges du grand Saint-Bernard. La division Moncey franchissait en même temps le Saint-Gothard et le Simplon, tandis que Chabran et Thureau descendaient avec leur corps d'armée par les défilés du petit Saint-Bernard. Il ne fallut pas moins de quatre jours pour effectuer ce passage, resté célèbre dans les fastes militaires. Les Alpes franchies, restait à sortir de la vallée d'Aoste; un obstacle presque invincible, le fort de Bard, bâti sur un rocher isolé et à pic, en ferme l'entrée. Mais qu'était un obstacle de ce genre pour un général qui prétendait effacer de la langue française le mot *impossible?* Ce que ne pouvait la force, on le tenta par la ruse. Un petit sentier, à peine praticable pour des chevriers, serpentait sur la crête du mont Albaredo : on y creusa des marches à même le roc, et les troupes défilèrent petit à petit sous les yeux mêmes de la garnison du fort. L'artillerie et les équipages demandaient de plus grandes précautions : à la faveur de la nuit, on leur fit traverser la ville, après avoir enveloppé les roues avec de la paille et jonché la route de fumier et de matelas. Les caissons passèrent ainsi à 60 ou 80 mètres du fort, sans que les boulets et les obus qui pleuvaient du haut des remparts pussent interrompre un seul moment leur marche lente et silencieuse : au point que Bonaparte, accablé de lassitude et de sommeil pour quatre jours consécutifs de veille, put s'endormir sur la route, sous une excavation de rocher, et ne se réveiller qu'au moment de marcher à l'ennemi.

Le 23 mai, Lannes rencontra les Autrichiens à Ivrée, les culbuta, et se rendit maître de la place, qui était abondamment fournie de vivres. Il marcha de là sur Romano, qu'il prit, puis sur Chivasso, où il dut s'arrêter et attendre le premier consul. Le général Landon, à la tête de deux divisions autrichiennes, essaya de barrer le passage du Tessin; il fut chassé de ses positions, et l'armée française entra victorieuse à Milan, le 2 juin 1800.

Le premier acte de Bonaparte fut de rétablir la république cisalpine. Ensuite, il adressa à ses soldats une de ces proclamations comme lui seul en savait faire, et il continua sa marche en avant.

Mélas, de son côté, quitta Turin pour porter son quartier-général à Alexandrie. Il comptait réunir sous les murs de cette ville les débris du corps d'Elsnitz et les vingt mille hommes qui, sous les ordres du général Ott, avaient tenu Gênes assiégée et venaient de forcer Masséna à capituler, après la plus héroïque résistance. La bataille de Montebello (12 juin), gagnée par les divisions Lannes et Victor sur le corps d'armée de Ott, dérangea les plans de Mélas et le mit dans une position des plus critiques. Séparé de ses deux lieutenants, toute communication avec l'Autriche lui étant coupée par les troupes de Bonaparte, et il allait bientôt avoir sur ses derrières le corps d'armée du Var, que Suchet ramenait en toute hâte. Il n'y avait pour le général autrichien qu'un seul parti à prendre, celui de s'ouvrir un passage à travers l'armée de réserve, avant l'arrivée de Suchet.

1. N. Gallois,

Aussi se disposa-t-il à attaquer les Français, dont les forces étaient inférieures aux siennes.

La rencontre des deux armées eut lieu dans une immense plaine, située entre la Scrivia et la Bormida, connue aujourd'hui sous le nom de Marengo. Bonaparte, en voyant les Autrichiens s'avancer vers nous, au nombre de quarante mille environ, fait ses dispositions pour leur résister. Il n'avait alors en tout que dix-huit mille hommes d'infanterie et deux mille cavaliers; mais il attendait Desaix, qu'il avait envoyé à Rivalta, et qui devait, d'après un ordre expédié à la hâte, lui amener un renfort de dix mille combattants. « La division Lannes, dit un historien déjà cité par nous, l'auteur de l'excellente histoire des Armées françaises en Italie, fut placée en échelon derrière celle de Victor, et devait s'appuyer à Spinetta et la ferme de Fornace, la garde consulaire à Gli-Poggi, celle de Murat avec sa cavalerie à San Giuliano, où la division Monnier avait ordre de venir le joindre de Villa-Nova.

Les Autrichiens débouchèrent, le 14 juin à six heures du matin, par leurs ponts de la Bormida, sur nos bataillons formés en échelons par division : à huit heures, ils attaquèrent la division Gardanne, placée près de la cassine de Pedra-Bona; cette division, délogée après un engagement des plus meurtriers, dut se replier sur le village de Marengo : bientôt Marengo devint le but de l'attaque des Impériaux, qui, cherchant à déborder à la fois notre droite et notre gauche, à l'aide des forces considérables qu'ils pouvaient déployer sur tous les points, l'assaillirent avec furie. Lannes s'avance pour soutenir la brillante défense de Victor, qui a chassé plusieurs fois l'ennemi du village; mais il est débordé par la division entièrement déployée de Kaïm, et forcé de soutenir les assauts les plus vigoureux, pour contenir les Impériaux au ruisseau de la Barbotta, pendant qu'Elsnitz manœuvre avec sa cavalerie pour prendre notre première ligne à revers. Six bataillons foudroyaient le village dont la possession était si énergiquement disputée; mais leur feu n'ébranlait pas nos rangs, dans lesquels il portait la mort.

Les Autrichiens franchissent enfin le ruisseau : le feu de cinquante pièces de canon arrête les efforts de Lannes et de Victor, et bientôt cinq bataillons de grenadiers ennemis pénètrent dans Marengo; ils en sont chassés par la 43e demi-brigade; mais enfin, le corps tout entier de Mélas se porte sur ce village, et finit par l'occuper définitivement après quatre heures d'une lutte terrible : les troupes de Victor se mettent alors en déroute; néanmoins la cavalerie du général autrichien Pilati avait été complétement détruite par les escadrons de Kellermann et le corps d'infanterie du général Haddik avait été repoussé dans le lit marécageux du ruisseau, qui fut le tombeau de cette cavalerie, après avoir essuyé des pertes cruelles. *Tout est perdu!* s'écriaient les nombreux fuyards de la division Victor, que Lannes cherchait en vain à rallier par son attitude magnifique. Lannes découvert sur sa gauche, ayant sur sa droite à repousser tous les efforts de Bellegarde et d'Ott, qui s'était formé entre la Barbotta et Castel-Ceriolo, se voyait exposé à être pris à revers. Bonaparte lance alors huit cents grenadiers de la garde consulaire, qui, se plaçant en avant de cette droite, à 600 mètres, semblaient une redoute de granit au milieu de l'immense plaine de Marengo. La cavalerie ennemie charge ce carré, mais il repousse et rompt ses escadrons, et donne à Carra-Saint-Cyr (division Monnier) le temps d'arriver et de se porter sur Castel-Ceriolo, d'où il chasse l'ennemi. Entamée enfin par la cavalerie, que seconde l'infanterie autrichienne, la garde consulaire se replie en bon ordre sur Gli-Poggi. Saint-Cyr dégage cette garde, et appuie Lannes entre Poggi et Villa-Nova. Le mouvement de Saint-Cyr sur notre extrême droite eut pour effet de raffermir notre gauche, dont la cavalerie ennemie poursuivit et ramassait les nombreux fuyards. Par bonheur pour nous, Mélas, averti que Suchet arrivait à Acqui, avait depuis quelques heures détaché deux mille deux cents de ses redoutables cavaliers, pour les porter au-devant de lui. Le premier consul voyant Saint-Cyr établi à Castel-Ceriolo, où il s'était barricadé et occupait la cavalerie ennemie et les chasseurs tyroliens, et sachant que l'avant-garde de Desaix vient d'arriver à San-Giuliano, ordonne la retraite par échelon, la gauche en avant : elle est exécutée au pas ordinaire, et le centre au petit pas, en échiquier par bataillons, sous le feu de quatre-vingts pièces de canon. Ce mouvement rétrograde sur le corps de Desaix dura quatre heures; nos soldats manœuvraient comme à l'exercice, serrant leurs rangs à chaque trouée qu'y faisaient les projectiles ennemis. »

En ce moment (il était environ quatre heures et demie), la bataille paraissait si bien perdue pour le premier consul, que Mélas, laissant à son chef d'état-major le soin d'achever la déroute des Français, se hâta d'expédier à Vienne un courrier avec le bulletin de sa victoire. Mais le général autrichien se trompait, en regardant la journée comme finie; ce n'était encore que le premier acte qui venait d'avoir lieu : le second allait intervertir les rôles et ramener la victoire de notre côté.

A six heures, Bonaparte se décida à reprendre l'offensive. Desaix et ses dix mille hommes étaient enfin arrivés; leur aspect avait rendu le courage aux fuyards, et le général en chef n'eut pas besoin d'un long discours pour les ramener en avant. Lannes et Victor venaient de reformer leurs lignes : « Soldats! s'écrie le premier consul en courant le front, c'est assez reculer pour aujourd'hui; le moment est venu d'avancer : vous savez que j'ai l'habitude de coucher sur le champ de bataille! » A ces mots, des cris enthousiastes partent de tous les rangs; le signal est donné : Desaix, le premier, s'élance à la tête de la 9e légère, sur les grenadiers de Zach, et trouve la mort dans la mêlée. Cette perte ne fait que redoubler l'ardeur des nôtres, qui maintenant brûlent de venger leur général : Les Autrichiens sont forcés de plier de tous côtés; et, pour leur malheur, se dispersent dans la plaine. En vain cherchent-ils à se rallier; Bonaparte ordonne de les charger sur tous les points. Kellermann et Murat les poussent sur la division Boudet et sur le corps du général Victor; Watrin, Carra-Saint-Cyr et Rivaud imitent ce mouvement. L'armée autrichienne, rompue de toutes parts, en est réduite à chercher un refuge de l'autre côté de la Bormida; mais c'est à peine s'ils peuvent atteindre leurs ponts, tant ils sont pressés sur leurs derrières par la réserve de Lannes et par les grenadiers et les chasseurs à cheval de la garde, que commande le brave général Bessières. Ainsi se termina cette sanglante journée, où la victoire fut disputée pendant quatorze heures sans désemparer. Les pertes furent nombreuses des deux côtés : les Autrichiens eurent environ quatre ou cinq mille hommes tués, huit mille blessés, sept mille prisonniers, douze drapeaux pris et au moins vingt pièces de canon. Parmi les Français, le nombre des morts s'éleva à onze cents; trois mille six cents furent blessés et neuf cents faits prisonniers.

Bonaparte s'apprêtait à poursuivre ses succès, lorsque Mélas, à bout de ressources, envoya un parlementaire pour solliciter un armistice. La convention d'Alexandrie, 15 juin, fixa les conditions suivantes : une trêve jusqu'à l'arrivée d'ordres de Vienne; la remise aux Français, dans le délai de quatre jours, des places de Tortone, d'Alexandrie, Turin, Milan, Pizzighitone, Arona, Plaisance; avant le 24 juin, de celles de Cuneo, Ceva, Savone, Gênes, et avant le 26, de Forte-Urbano; de plus, l'évacuation par les Autrichiens du Piémont, de la Ligurie, du Milanais, de manière à ne garder que Peschiera, Mantoue, Borgo-Forte, ainsi que le Ferrarais, Ancône et la Toscane, etc., etc.

Bonaparte s'occupa immédiatement de réorganiser la république cisalpine et la république de Gênes; les premières mesures prises, il quitta l'Italie, laissant le commandement de l'armée au général Masséna, qui ne tarda pas à être remplacé par le général Brune.

Bonaparte était, en ce moment, tout disposé à la paix. Tandis qu'on cherchait à s'entendre avec l'Autriche sur les bases proposées à Alexandrie, il s'efforçait de se rattacher la cour de Rome dans la personne du successeur de Pie VI, lui promettant de le soutenir contre ses ennemis et de restaurer la religion en France. Pie VII ne vit pas d'un mauvais œil les avances du premier consul, et il commença par écouter ses offres.

L'Autriche, moins conciliante, refusa d'accepter les conditions qu'on prétendait lui dicter, et, au mois de novembre 1800, pendant qu'elle renforçait son armée sur le Mincio et sur l'Adige, elle dénonça l'armistice. Le premier consul se décida à reprendre les hostilités. Il fut décidé que Macdonald, qui commandait l'armée des Grisons, forte d'environ quinze mille hommes, traverserait le Splugen, dans les Alpes tyroliennes, et descendrait en Italie. Ce passage présentait de plus grandes difficultés encore que celui du mont Saint-Bernard. On vint cependant à bout de l'effectuer avec non moins de bonheur, et l'on arriva à Pisogne. Là, Macdonald reçut un ordre qui lui enjoignait de se réunir à l'armée d'Italie et le plaçait sous les ordres de Brune.

Dès que Macdonald fut en état de couvrir son flanc gauche, Brune commença les opérations. Son avant-garde obéissait au commandement de Delmas, la gauche à Moncey, le centre à Suchet, et la droite à Dupont, qui venait de soumettre la Toscane. Michaud était à la tête de la réserve. Nous avions à peu près en tout soixante-quinze mille hommes, dont dix mille cavaliers. « L'armée des Impériaux, dit M. Gallois, que nous citons toujours volontiers, y compris le corps de Sommariva et celui qui occupait le Tyrol, comptait quatre-vingt mille combattants ; sa gauche s'appuyait à Mantoue et au Pô, et sa droite au lac de Garda, où elle avait une flottille de vingt-sept voiles armée d'artillerie : elle s'appuyait sur les places de Mantoue, de Peschiera et de Vérone, et sur les postes fortifiés de Goito et Pont-Borghetto : enfin elle avait sur le Mincio une ligne formidable de retranchements garnis de cent canons qui lui assurait une grande supériorité : à la gauche de l'armée de Bellegarde, Wukassowich, avec deux divisions, s'appuyait, par l'Adige, au corps du Tyrol septentrionnal, dépendant de l'armée d'Allemagne. » Telle était la position des deux armées, lorsque Brune résolut d'en venir aux mains. La victoire couronna ses efforts ; il livra bataille, le 26 décembre, à Pozzolo, mit les Autrichiens en déroute, passa le Mincio à Mozambano, et chassa l'ennemi de Valeggio, où il s'était réfugié. Cette campagne se termina par la prise de Trévise, où fut conclu (16 janvier 1801) un armistice, que ratifia le traité de Lunéville (9 février).

Le sort de la péninsule fut alors réglé définitivement ; du moins, eut-on lieu de le supposer. La république cisalpine se changea en république italienne, la Toscane, en république ligurienne. Le pape fut réintégré dans les États de l'Église ; la France acquit, entre autres territoires, le Piémont, l'île d'Elbe, et eut le droit de placer des garnisons dans les principales places qui commandent la côte, Otrante, Ancône, Livourne, Brindes, Tarente.

Le temps n'était pas éloigné où la république française allait devenir l'empire, et la république cisalpine le royaume d'Italie. La France se faisait conquérante, et la péninsule perdait de son indépendance, avant de l'avoir tout à fait acquise. Il est vrai que Napoléon avait des intentions secrètes à l'égard de ce pays. « Depuis la première fois que j'ai paru dans ces contrées, écrit-il dans ses Mémoires, j'ai toujours eu l'idée de créer indépendante et libre la nation italienne. Les réunions à l'empire des diverses parties de la péninsule n'étaient que temporaires ; elles n'avaient pour but que de rompre les barrières qui séparaient les peuples, et d'accélérer leur éducation pour opérer ensuite leur fusion : j'aurais rendu l'indépendance et l'unité à l'Italie presque entière. »

Quelles que fussent les intentions de Napoléon, il n'en est pas moins certain que la domination française avait pour l'Italie de bien plus grands avantages que la domination autrichienne, et qu'ils gagnaient à la conclusion du traité de Lunéville. La paix qui en fut le résultat n'était pas un de ses moindres bienfaits ; malheureusement, elle ne fut pas de longue durée.

XV.

Napoléon, empereur et roi d'Italie. — Nouvelles campagnes.

Les événements avaient marché avec une grande rapidité depuis la conclusion du traité de Lunéville. Bonaparte n'était plus premier consul : c'était maintenant l'empereur Napoléon. La France s'inclinait devant ce gouvernement réparateur qui la voulait grande et prospère, et, après tant de discordes intérieures, après tant de luttes contre l'étranger, elle espérait qu'il lui serait permis enfin de se reposer et de respirer un peu.

L'Angleterre, depuis si longtemps notre ennemie, en décida autrement. Elle commença par enfreindre les conditions stipulées dans le traité d'Amiens, et, appelant à elle toutes les puissances contre lesquelles nous avions eu déjà à lutter, elle parvint à former contre nous (1805) une nouvelle coalition, plus formidable que les précédentes.

Le territoire de la péninsule ne resta pas en dehors des luttes qui s'ensuivirent. Napoléon venait de ceindre la couronne d'Italie, cette même couronne de fer tant disputée depuis Charlemagne. Il était tout naturel que l'Autriche, violemment dépossédée des droits qu'elle prétendait avoir

sur cette monarchie, mît à profit la nouvelle alliance où elle s'était engagée, et cherchât à se redonner une frontière en Italie, tandis que les puissances coalisées reprendraient le Hanovre, rendraient l'indépendance à la Suisse et à la Hollande, réuniraient à celle-ci la Belgique, délivreraient Naples, et rétabliraient le roi de Sardaigne dans ses anciens États.

Pour arriver à ce but, les alliés avaient complété un effectif de 390,000 hommes, ainsi répartis :

En Bavière, 85,000 hommes, sous les ordres de l'archiduc Ferdinand et du général Mack ;

Dans le Tyrol, 35,000 hommes, commandés par l'archiduc Jean ;

En Italie, 100,000 hommes, avec l'archiduc Charles ;

De plus, 120,000 Russes, destinés à former un corps de réserve, et 50,000 Suédois, Russes et Anglais, qui devaient se partager entre Naples et la Poméranie.

Les forces de Napoléon en Italie se composaient de 50,000 hommes, sous les ordres de Masséna, et de 15,000 soldats commandés par Saint-Cyr. Il avait en dehors de cela 220,000 hommes à opposer aux alliés du côté du Rhin.

Tandis que l'empereur prenait en personne le commandement de cette dernière armée, Masséna se rendait en Italie (septembre 1805). Les divisions qui lui étaient destinées et que commandaient les généraux Gardanne, Verdier, Molitor, Duhesme, Serrurier, Partonneaux, Mermet et Despagne occupaient l'Adige depuis Rivoli jusqu'à la mer, et les places de Vérone, Legnano, Castelnovo, Somma-Campagna, Goito, Valeggio, Villa-Franco et Roverbello.

Gouvion-Saint-Cyr et ses deux divisions se tenaient dans le royaume de Naples.

Ce fut le 18 octobre que commencèrent les hostilités. Masséna avait établi son quartier-général à Zevio sur l'Adige. Il passe ce fleuve, force la ligne des Autrichiens, bat Saint-Michel, à Caldiero, fait déposer les armes à cinq mille hommes à Casa-Albertini, pénètre dans Vicence (2 novembre), passe la Brenta, le Tagliamento, l'Isonzo, la Piave, achève de mettre les Autrichiens en déroute à Castel-Franco (24 novembre), et, cinq jours après, à Clagenfurth, opère sa jonction avec le corps d'armée du maréchal Ney, afin d'aller prendre part à la fameuse bataille d'Austerlitz (2 décembre).

Cette campagne se termina par le traité de Presbourg (26 décembre), qui réunit au royaume d'Italie la Toscane, les duchés de Parme et de Plaisance, et soumit Gênes à la domination française.

L'année suivante fut marquée par la conquête du royaume de Naples. Ferdinand, malgré le traité du 21 septembre 1805, reçut dans ses États un corps d'armée de quinze mille Anglo-Russes et se disposa à marcher contre le royaume d'Italie. Un décret de Napoléon déclara que le roi avait cessé de régner, et Masséna reçut l'ordre d'envahir le territoire napolitain, « ce qui eut lieu le 8 février 1806, sans que l'armée d'opération rencontrât de véritable résistance qu'à Gaëte. Le roi, fidèle à son système de se soustraire sans retard au moindre danger, s'était enfui en Sicile dès le 23 janvier. Quant aux Russes et aux Anglais, ils avaient repris la mer à la première nouvelle de l'approche des Français, lesquels firent leur entrée à Naples le 14 février 1806, au grand contentement de ce qu'on appelait les patriotes et même des républicains, pour qui les horreurs de 1799 faisaient paraître désirable tout gouvernement qui ne fût pas celui des Bourbons. Joseph Bonaparte, arrivé bientôt après Masséna, fut le 30 mars 1806 proclamé roi de Naples et de Sicile, si ce n'est que cette dernière ne cessa de rester sous le sceptre de Ferdinand pendant tout le temps que le roi Joseph d'abord, puis Joachim Murat occupèrent le trône de Naples. La place de Gaëte, très-vaillamment défendue par les Napolitains commandés par le prince de Hesse, ne se rendit que le 18 juillet. En attendant le général Régnier avait été envoyé à la poursuite des restes de l'armée royale qui, sous les ordres du prince héréditaire, ou plutôt du comte Roges de Damas, s'était retirée vers les Calabres, à travers la province de Salerne et la Basilicate. Une rencontre n'ayant pas tardé à avoir lieu, les troupes royales furent battues complétement à Campotenese, et Régnier poussa jusqu'à Scylla, château placé sur la limite extrême du royaume ; mais quelques milliers d'Anglais, sous les ordres du général Stuart, ayant été jetés soudainement en Calabre par l'escadre de Sydney-Smith, Régnier dut accourir à leur rencontre avec toutes les forces disponibles. Il s'ensuivit une bataille dans la plaine de Maïda, bataille gagnée par les Anglais, mais qui ne leur fut d'aucune utilité, car, étant en trop petit nombre pour pénétrer dans le cœur du royaume et Masséna s'avançant de Naples en toute hâte, ils ne tardèrent pas à se rembarquer. Presque en même temps Sydney-Smith, dont l'activité était extraordinaire et qui ne cessait en longeant les côtes napolitaines de prêter la main aux partisans du roi, y compris le trop fameux *Fra Diavolo*, parvenait à jeter une garnison anglaise, sous les ordres de Hudson-Lowe, dans l'île fortifiée de Caprée, poste extrêmement important, car il commande le golfe de Naples. C'est à pareille époque que commença en Calabre cette terrible guerre du brigandage, alimentée par la cour de Palerme et par les Anglais qui occupaient la Sicile, et laquelle ne devait cesser entièrement qu'en 1810 [1]. »

Durant les années qui suivirent la conquête de Naples, la guerre laissa en repos les provinces italiennes; mais, en 1809, l'archiduc Jean, qui commandait l'armée autrichienne d'Italie, entra dans la lutte poursuivie contre nous par les coalisés. Les forces de l'archiduc étaient concentrées entre la Bavière et le golfe Adriatique; avant de marcher, il adressa au peuple italien la proclamation suivante : « Italiens, écoutez la vérité et la raison. Elles vous diront que vous êtes les esclaves de la France, que vous prodiguez pour elle votre or et votre sang. Le royaume d'Italie n'est qu'un songe, un vain nom. La conscription, les charges, les oppressions de tous genres, la nullité de votre existence politique, voilà des faits. La raison vous dit encore que, dans un tel état d'abaissement, vous ne pouvez être ni respectés, ni tranquilles, ni Italiens.

« Voulez-vous l'être une fois, unissez vos bras, vos forces et vos cœurs aux armes généreuses de l'empereur François : en ce moment il fait descendre une armée imposante en Italie. Il l'envoie, non pour satisfaire une vaine soif de conquêtes, mais pour se défendre lui-même et assurer l'indépendance de toutes les nations de l'Europe menacées par une série d'opérations consécutives qui ne permettent pas de révoquer en doute un esclavage inévitable. Si Dieu protége les vertueux efforts de l'empereur François et ceux de ses puissants alliés, l'Italie redeviendra heureuse et respectée en Europe. Le chef de la religion recouvrera sa liberté, ses États, et une constitution, fondée sur la nature et sur la vraie politique, rendra le sol italien fortuné et inaccessible à toute force étrangère. C'est François qui vous promet une si heureuse, une si brillante existence. L'Europe sait que la parole de ce prince est sacrée, immuable autant que pure ; c'est le ciel qui a parlé par sa bouche, éveillez-vous donc, Italiens. Levez-vous ! De quelques partis que vous ayez été, ou que vous soyez, ne craignez rien, pourvu que vous soyez Italiens.

« Nous ne venons pas à vous pour rechercher, pour punir, mais pour vous secourir, pour vous délivrer. Voudriez-vous rester dans l'état abject où vous êtes? Ferez-vous moins que les Espagnols, cette nation de héros, où les faits ont répondu aux paroles? Aimez-vous moins qu'elle vos fils, votre sainte religion, l'honneur et le nom de votre nation? Abhorrez-vous moins qu'elle la honteuse servitude qu'on a voulu vous proposer avec des promesses engageantes et des dispositions si contraires à ces paroles? Italiens, la vérité, la raison vous disent qu'une occasion aussi favorable de secouer le joug étendu sur toute l'Italie ne se présentera plus jamais. Elles vous disent que, si vous ne les écoutez pas, vous courez les risques, quelle que soit l'armée victorieuse, de n'être autre chose qu'un peuple conquis, un peuple sans nom et sans droits; que si, au contraire, vous vous unissez fortement à vos libérateurs, que si vous êtes victorieux avec eux, l'Italie renaît; elle reprendra sa place parmi les grandes nations du monde, et, ce qu'elle fut déjà, elle peut redevenir la première. Italiens, un meilleur sort est entre vos mains, dans ces mains qui portèrent les flambeaux des lumières dans toutes les parties du monde et rendirent à l'Europe, tombée dans la barbarie, les sciences, la civilisation et les arts.

« Milanais, Toscans, Vénitiens, Piémontais, et vous peuples de l'Italie entière, rappelez-vous le temps de votre ancienne existence. Les jours de paix et de prospérité peuvent revenir plus beaux que jamais, si votre conduite vous rend dignes de cet heureux changement. Italiens, vous n'avez qu'à le vouloir, et vous serez Italiens! aussi glorieux que vos ancêtres, heureux et satisfaits autant que vous l'ayez jamais été à la plus belle époque de votre histoire. » Les Italiens savaient déjà ce qu'ils pouvaient attendre de ces promesses d'indépendance et de liberté; ils se

[1]. Ricciardi, *Hist. d'Italie.*

serrèrent plus que jamais autour du prince Eugène, vice-roi d'Italie, qui avait son quartier-général à Udine.

Le 10 avril 1809, l'armée française rétrograda sur Mestre, afin de s'y concentrer. Ce même jour vit commencer les hostilités : la Chiusa, malgré les efforts du capitaine Schneider, fut emportée par les Autrichiens. Le lendemain, la division Broussier se battit toute la journée sur les hauteurs d'Ospedaletto et fit perdre à l'ennemi treize cents hommes. A la suite de ce combat, le général Broussier passa sur la rive droite du Tagliamento.

La bataille de Sacile (16 avril) et celle de Caldiero (29 avril) précédèrent la retraite de l'archiduc Jean. Le prince Eugène le poursuivit avec vigueur, le battit une fois encore entre le Conegliano et la Piave, dégagea Osopo et Palmanova, et entra en vainqueur dans la Carinthie, tandis que Macdonald, de son côté, occupait Trieste le 17 mai 1809. Une nouvelle victoire remportée à Raab, le 14 juin, vint mettre le comble à la gloire de l'armée franco-italienne. Le général Baraguay-d'Hilliers fut chargé par le vice-roi du siége de Raab. Sept jours après, la garnison capitula, laissant entre nos mains dix-huit pièces de gros calibre et d'abondantes munitions.

Napoléon adressa alors à l'armée d'Italie, pour la remercier, la proclamation que voici :

« Soldats de l'armée d'Italie !

« Vous avez glorieusement atteint le but que je vous avais marqué ; le Somering a été témoin de votre jonction avec la grande armée.

« Soyez les bienvenus! Je suis content de vous!... Surpris par un ennemi perfide avant que vos colonnes fussent réunies, vous avez dû rétrograder jusqu'à l'Adige; mais lorsque vous reçûtes l'ordre de marcher en avant, vous étiez sur le champ mémorable d'Arcole, et là vous jurâtes sur les mânes de nos héros de triompher. Vous avez tenu parole à la bataille de la Piave, aux combats de Saint-Daniel, de Tarvis, de Goritz; vous avez pris d'assaut les forts de Malborghetto, de Pradel, et fait capituler la division ennemie retranchée dans Prévald et Laybach. Vous n'aviez pas encore passé la Drave, et déjà vingt-cinq mille prisonniers, soixante pièces de bataille, dix drapeaux, avaient signalé votre valeur. Depuis, la Drave, la Save, la Murn n'ont pu retarder votre marche. La colonne autrichienne de Jellachich, qui, la première, entra dans Munich, qui donna le signal des massacres dans le Tyrol, environnée à Saint-Michel, est tombée dans nos baïonnettes; vous avez fait une prompte justice de ces débris dérobés à la colère de la grande armée.

« Soldats, cette armée autrichienne d'Italie, qui, un moment, souilla par sa présence nos provinces, qui avait la prétention de briser ma couronne de fer, battue, dispersée, anéantie, grâce à vous, sera un exemple de la vérité de cette divise : *Dieu me la donne, gare à qui la touche.* »

La bataille de Wagram termina cette glorieuse campagne de 1809, si mal commencée pour nous par le combat de Sacile. La paix de Vienne fut signée le 14 octobre. Déjà, dans un précédent décret (17 mai), Napoléon avait consommé la déchéance de Pie VII, comme souverain temporel. Rome fut alors définitivement déclarée ville libre et impériale. Le pape ne pouvait répondre que par une bulle d'excommunication; mais avant qu'il eût eu le temps de la lancer, le général Radet, sur l'ordre de Miollis qui gouvernait Rome, enlevait le pontife au milieu du Quirinal, et le transportait à Florence, puis à Grenoble, d'où Napoléon ne tarda pas à le faire transférer à Savone. Une consulte fut établie pour gouverner à sa place, et le peuple romain put juger de la différence qui existe entre une administration civile et un gouvernement clérical.

Pie VII ne se montra pas plus conciliant à Savone qu'à Nice et à Rome. Napoléon le fit conduire à Fontainebleau, où il se décida, en 1813, à signer un concordat qui termina ses dissensions avec l'empereur.

En 1810, Joachim Murat tenta une expédition en Sicile ; mais il eut le chagrin de la voir avorter, grâce à des ordres secrets de l'empereur, qui empêchèrent la coopération des troupes françaises établies à Rome. Ce fut peut-être là un des sujets de grief qui amenèrent un peu plus tard le roi de Naples à séparer sa cause de celle de Napoléon. Cette expédition de Murat fut le seul évènement guerrier qui signala, en Italie, l'année 1810. La péninsule goûtait maintenant de temps à autre un peu de repos, sur son territoire, du moins : car il lui fallait, comme les autres royaumes soumis à l'empire français, envoyer son contingent de soldats contre les ennemis de l'empereur.

Napoléon semblait vouloir poursuivre son but, la régénération de l'Italie ; il donnait à son fils le titre de roi de Rome, indiquant par là l'intention où il était d'arriver à l'unité politique. Son vaste génie n'oubliait rien: les arts, la littérature, toutes les institutions utiles avaient leur part d'encouragements. En même temps, la situation militaire du pape n'était pas négligée : la conscription fournissait des troupes, et les places de Venise, Peschiera, Mantoue, Legnano, Palma-Nova étaient mises en état de défense.

Tout eût bien marché, si les nouveaux gouvernements établis par l'empereur se fussent appliqués à tromper les Italiens sur la dépendance où ils se trouvaient. Mais le despotisme de Murat commençait à éloigner de lui les Napolitains. Lord Bentinck, ambassadeur d'Angleterre, sut exploiter ce mécontentement en faveur de sa nation: à son instigation, des réformes furent opérées en Sicile; Ferdinand et Caroline, obligés de quitter le pouvoir, reçurent pour successeur leur fils François, qui se vit forcé (1812) d'octroyer aux Siciliens une nouvelle constitution.

Les Romains aussi avaient contre nous des griefs. Ils ne pardonnaient point à l'empereur l'enlèvement du pape. Impatients de son autorité, tant qu'il avait été au milieu d'eux, ils étaient les premiers à trouver mauvaise la réforme qui seule pouvait amener leur complète indépendance.

La péninsule était donc tout entière dans un état de malaise qui ne pouvait que s'aggraver, et qui l'amena bientôt à se séparer de nous. Cette défection fut toutefois précédée de quelques nouvelles luttes, auxquelles durent prendre part les troupes italiennes.

XVI.

Campagnes de 1813 et de 1814. — Évacuation de l'Italie. — Traités de 1815.

Ce fut au mois d'août 1813 que recommencèrent en Italie les hostilités entre la France et l'Autriche.

Le prince Eugène, qui commandait l'armée franco-italienne, avait tout au plus cinquante-mille hommes à opposer aux soixante mille Autrichiens du général Hiller. Ses troupes étaient divisées en trois corps : le général Grenier avait le commandement du premier, le général Verdier du second, enfin le général Pino du troisième.

Les Autrichiens entrèrent en campagne le 18 août. Hiller avait établi son quartier général à Goritzia. Son armée, déjà forte de 60 mille hommes commandés par le général Bellegarde, s'était augmentée de vingt-cinq mille Napolitains que lui avait amenés Murat, et de quinze mille Anglo-Siciliens sous les ordres de lord Bentinck.

Le prince Eugène s'était tout d'abord étendu sur le Tarwis et Vilbach, et avait établi son quartier général à Udine. Le commencement de la campagne fut pour nous des plus heureux; mais les victoires ne s'achetaient qu'au prix de pertes qui affaiblissaient graduellement l'armée du vice-roi; il se voyait en outre obligé de laisser des garnisons dans les places fortes et de détacher un corps d'armée de douze mille hommes pour la défense de Venise. Eugène se décida à opérer sa retraite sur l'Adige, tout en protégeant le mouvement du général Grenier, qui, de son côté, abandonnait Tarwis.

Le 4 novembre, le vice-roi arriva à Vérone, où il établit son quartier général. Plusieurs engagements avaient eu lieu; Casoni, Bassano, plusieurs fois pris et repris, étaient restés en notre pouvoir; il en fut bientôt de même de Struzzina, Ala, Campagnola, où les Autrichiens s'étaient retranchés, et d'où il leur était facile de diriger des attaques contre nos positions de Brescia, Ossenigo et Bellune.

La bataille de Caldiero, livrée le 15, fut encore plus désastreuse pour l'ennemi : bien qu'inférieures en nombre, les troupes franco-italiennes reçurent l'armée autrichienne avec une telle vigueur, qu'au lieu de forcer le passage de l'Adige, ainsi qu'elle en avait l'intention, elle dut se retirer après avoir perdu de quatre à cinq mille hommes.

Le général Hiller ne fut pas plus heureux le 19, contre le général Jeannin : une attaque dirigée par lui contre San-Michel fut repoussée, bien que le général français n'eût que quatre mille hommes à opposer aux vingt-cinq mille de son adversaire. En même temps, Nugent se voyait forcé d'abandonner Ferrare. Villa-Nova, Villa-della-Costa, Villa-di-Riverdieri furent le centre de plusieurs engagements, où le général Decouchy eut tout l'avantage.

Il était temps que le général Hiller fût remplacé dans le commandement en chef : Bellegarde fut appelé à lui succéder. La campagne de 1814 commença.

Eugène était dans une situation des plus difficiles. Les Napolitains et les Anglais s'étaient rapprochés de lui, les premiers par la Romagne, les derniers par la Toscane. Les Autrichiens pouvaient l'attaquer de front sur l'Adige : le vice-roi se retira sur le Mincio et Mantoue. Quelques renforts lui étaient arrivés; mais c'était à peine s'il avait sous ses ordres quarante mille hommes, en comptant les conscrits. Soixante-six bouches à feu composaient son artillerie.

A la même époque, l'armée autrichienne comptait soixante-dix-huit bataillons et soixante-six escadrons, c'est-à-dire environ cinquante-cinq mille hommes, auxquels il faut ajouter les vingt-trois mille Napolitains de Murat, dont la défection ne fut consommée qu'à la fin de janvier.

Avant de marcher sur ce dernier pour le punir de sa rébellion, Eugène voulut, en les attaquant, mettre les Autrichiens dans l'impossibilité de nuire à ses mouvements. « Le 5 février 1814, dit M. Gallois, les divisions franco-italiennes, accomplirent un mouvement que le généralissime autrichien prit pour une retraite : aussi, dès le lendemain, fit-il passer le Mincio à ses troupes, par un pont jeté à Borghetto. Alors s'engage, sur toute la ligne du Mincio, une bataille des plus sanglantes; on se bat partout, à Mozambano, à Valeggio, à Pozzolo, à Roverbella, à Morzacane, à Maffei, à Querni, à Castiglione-di-Mantova, à Due-Castelli. Commencée pour nous par un échec de la brigade de cavalerie du général Peyremont, cette journée se termine par une victoire qui coûte aux Autrichiens cinq mille hommes hors de combat, et deux mille prisonniers.

Le prince Eugène, après ce succès, se retira à Goïto, en repassant le Mincio. Bellegarde, croyant que cette manœuvre n'est qu'un mouvement rétrograde, fait repasser le Mincio à ses bataillons, au pont de Borghetto, dans la nuit du 9 au 10 : mais les généraux Verdier et Grenier les rejettent sur Borghetto.

Sur la rive occidentale du lac de Garda s'engagent des combats heureux pour nos armes. Les Autrichiens sont chassés de Salo, où ils ont pénétré, et ne se sauvent à travers les montagnes qu'en jetant leurs armes ; ils sont également chassés de Gardone. Cependant le château de Vérone, gardé par une centaine de Français, tombe en leur pouvoir. La défection du roi de Naples force Eugène à jeter de fortes garnisons dans Peschiera et Mantoue ; les troupes napolitaines assiègent Ancône pendant vingt-cinq jours, bombardent cette place pendant quarante-huit heures et la font enfin capituler ; les troupes françaises de Pise, de Livourne, de Lucques, de Florence, de Civita-Vecchia, du fort Saint-Ange évacuent ces points, ainsi que les Etats romains et la Toscane, en vertu d'une convention signée par le duc d'Otrante, commissaire général de l'Empire. Réduit à vingt-huit mille hommes, Eugène se rapproche du Pô.

La guerre continue cependant. Grenier bat les Austro-Napolitains à Guastalla ; à Parme ; les retranchements de Sustinente sont emportés par nos troupes, mais les Napolitains occupent Reggio, le 8 mars. Le débarquement d'un corps anglo-sicilien dans la Toscane vient aggraver la position de l'armée franco-italienne ; une autre division anglo-sicilienne débarque à Lerici, dans la rivière de Gênes, à la fin de mars. Les conscrits français qui défendent Gênes luttent intrépidement contre l'ennemi, contre les insurgés qu'il la valeureuse garnison de Gênes, épuisée, sans moyen de défense, capitule le second jour de la guerre, le 21 avril. »

Le 13 du même mois, Murat s'était décidé à passer le Taro. Il eut plusieurs fois à lutter contre les troupes du prince Eugène; mais ce dernier, ayant appris l'abdication de l'empereur Napoléon, traita avec le général Bellegarde de l'évacuation de l'Italie. D'après la convention conclue, le 16 avril, à Schiarino-Rizzino, les Français eurent la liberté de repasser les Alpes; Palma-Nova, Venise, Osopo, Legnano, furent remises aux Autrichiens, qui, le 28, firent leur entrée à Milan, et ne tardèrent pas à prendre possession de Mantoue.

Ainsi se termina la domination française en Italie. Tout le territoire que nous occupions jusqu'au Pô et au Tessin, fut, par le traité de Paris (12 juin), rendu à la monarchie autrichienne. Murat porta la peine de sa trahison. Malgré le traité stipulé entre lui et l'Autriche, il fut dépossédé de son royaume; et, lorsqu'il essaya d'y rentrer, au moment où Napoléon quittait l'île d'Elbe, il fut arrêté au Pizzo, jugé sommairement par une commission militaire, condamné à mort et fusillé le 13 octobre 1815.

Voici comment fut divisée l'Italie, d'après les traités de

1815. On comprend qu'il n'entrait pas dans la politique de l'Autriche de donner suite aux promesses d'indépendance qu'elle avait fait sonner aux oreilles des Italiens, et qu'elle s'attacha à morceler le territoire de la péninsule, afin de pouvoir plus facilement y maintenir son influence.

Donc « le royaume de Naples et la Sicile, par suite des susdits traités, se trouvaient réunis de nouveau sous le sceptre du fils de Charles III, qui, après s'être intitulé Ferdinand IV à Naples et Ferdinand III en Sicile, finit par s'intituler Ferdinand Ier, roi des Deux-Siciles, par décret du 9 septembre 1816.

« Pie VII se voyait remis en possession des États-Romains (y compris les principautés de Bénévent et de Pontecorvo enclavées dans le royaume de Naples) avec les mêmes limites qu'avant l'invasion française. si ce n'est que l'Autriche gardait la partie du territoire de Ferrare située sur la rive gauche du Pô et s'arrogeait le droit de tenir garnison dans la citadelle de Ferrare et à Comacchio.

« Le grand-duché de Toscane recouvré par Ferdinand III était limité comme aujourd'hui, à l'exception du territoire de Lucques, dont on forma un apanage en faveur de l'ancienne reine d'Étrurie et de son fils, sauf à ce qu'il fût réuni à la Toscane, dans le cas où cette branche de la maison de Bourbon serait venue à s'éteindre ou aurait été mise en possession d'autres États.

« Le duché de Modène était livré à François IV, fils de l'archiduc Ferdinand, mort en 1806, et de Béatrix d'Este, unique héritière d'Hercule Renaud, mort à Fribourg en Brisgau en 1803. Quant au petit État de Massa et Carrara, il était rendu à l'archiduchesse Béatrix, pour être réuni à sa mort aux États de François IV.

« Parme et Plaisance étaient données à la veuve de Napoléon. Ajoutons que par le traité de Paris du 10 juin 1817, cet État fut déclaré réversible, après la mort de l'archiduchesse Marie-Louise, aux Bourbons régnant à Lucques, et, à l'extinction de ceux-ci, à l'Autriche et au roi de Sardaigne, dont la première aurait Parme, l'autre Plaisance. Par ce même traité on accorda à l'empereur d'Autriche le droit de garnison dans la citadelle de Plaisance.

« Le roi de Sardaigne, après avoir recouvré tout le territoire qui constituait ses États le 1er janvier 1792, sauf quelques communes de la Savoie cédées à la France ou à la Suisse, entrait en possession du duché de Gênes, auquel on accordait un simulacre de représentation, nous ne dirons pas nationale, mais municipale, c'est-à-dire des conseils provinciaux destinés à approuver les impôts nouveaux, mais qui ne furent jamais convoqués.

« Quant à l'Autriche, elle était certes la mieux partagée; car, indépendamment de toutes ses anciennes possessions, ainsi que de l'Istrie, de l'Illyrie et de la Dalmatie, y compris le territoire de Raguse, elle avait les provinces lombardo-vénitiennes avec la Valteline, Bormio et Chiavenne, c'est-à-dire le pays aussi vaste que magnifique qui s'étend des Alpes au Pô et du Tessin à l'Adriatique. »

Ce ne fut pas seulement au point de vue purement territorial que se trouva rétabli l'ancien ordre de choses. L'administration elle-même fut replacée dans son ancien chaos et tous les abus d'autrefois restaurés par les souverains que la sainte-alliance venait de rappeler.

Mais les idées semées par la révolution française, le passage au pouvoir de l'empereur Napoléon, devaient malgré tout laisser des germes puissants et féconds sur le sol italien. Si, cette fois encore, la cause de l'indépendance était bien morte dans la péninsule, on pouvait prévoir qu'un jour ou l'autre, les Italiens, las d'obéir au despotisme, s'efforceraient de secouer le joug et de reconquérir la liberté, un instant entrevue. L'Italie maintenait avait conscience de sa valeur; elle sentait qu'il y avait chez elle tous les éléments nécessaires pour la formation d'une nationalité puissante; elle se rappelait avec orgueil que la main d'un homme de génie l'avait rendue à moitié française, et elle travaillait à devenir *italienne*.

CINQUIÈME PARTIE.

—

L'ITALIE CONTEMPORAINE.

—

XVII.

Situation générale. — Les papes et leur gouvernement. — Grégoire XVI. — Memorandum des cinq puissances.

L'Autriche, nous l'avons dit, avait menti à ses promesses libérales, en rétablissant dans la péninsule l'ancien ordre de choses. Sans tenir aucun compte du droit des peuples, elle avait même rigoureusement défendu aux princes italiens « de faire à leurs sujets la moindre concession que l'Autriche n'aurait pas jugé convenable de faire aux siens propres. »

Tandis que le maréchal Bellegarde, qui commandait à Milan pour l'empereur d'Autriche, proclamait (16 avril 1815) la réunion de la Lombardie aux États de Venise et la formation du royaume lombardo-vénitien, avec un vice-roi résidant tantôt à Venise, tantôt à Milan, et soumis au contrôle de la cour de Vienne, les divers gouvernements des provinces italiennes semblaient se donner le mot pour remettre en vigueur l'ancien régime et abolir les institutions qui avaient marqué le passage des Français dans la péninsule. Le rétablissement des Jésuites et de l'inquisition, la suppression du Code français, l'exclusion des laïques de tous les emplois publics, furent les principales mesures adoptées par Pie VII, après son retour au pouvoir.

Rien de plus triste que l'organisation des États pontificaux à cette époque. « Les lumières du siècle, dit un écrivain qu'on ne peut accuser d'exagération, ont démontré l'iniquité de l'inquisition, les empiétements du droit canonique, l'assemblage désordonné des lois, et ont, en même temps, révélé au peuple ses droits et la limite équitable du pouvoir. L'absolutisme pontifical, à qui aucun frein légal et déterminé par les institutions n'a été imposé, a poursuivi sa marche, et, s'abandonnant à la nature de tout pouvoir, d'étendre indéfiniment son action, il a pénétré partout, en détruisant toujours sans jamais réédifier. Les franchises municipales n'existent plus; la féodalité a disparu comme les privilèges de l'aristocratie, et même les privilèges du clergé subsistent encore. Ainsi se sont établis deux peuples, deux gouvernants, l'autre de gouvernés : tous deux entièrement divisés par leurs intérêts, leurs études, leurs habitudes, leurs penchants. Les gouvernants ont les richesses, les honneurs, les emplois, le pouvoir, et avec cela l'ignorance, les préjugés, la faiblesse d'esprit. Pour les gouvernés il reste l'obéissance passive, une nullité politique complète; mais avec cela la science, la civilisation du siècle, l'activité de l'esprit et du cœur. Aucune carrière n'est ouverte à cette double activité, ni celle des armes, ni celle du gouvernement, ni celle du commerce, ni celle des études. La science ne conduit ni aux honneurs ni à la fortune; le génie industriel est arrêté par la misère publique, par l'administration déplorable du trésor, par l'ignorance des prélats dans l'économie publique, par la méfiance générale, enfin par la faiblesse des garanties que les lois offrent à la propriété et à la sainteté des contrats. Au milieu de tout cela l'arbitraire du gouvernement romain a dû nécessairement porter ses fruits. Aucune loi n'est stable, et aucun droit n'est garanti. Le bon plaisir du souverain dispose de tout. Le souverain casse la chose jugée, augmente et change les impôts et dispose arbitrairement du trésor public. L'État n'a ni lois fondamentales ni codes. Chaque pape fait ses *motu proprio* : l'un détruit ce que l'autre a fait; le successeur rétablit ce qu'avait annulé son prédécesseur. Aucun service, aucun mérite n'obtient une récompense assurée. Les emplois ne sont jamais en rapport avec les études spéciales ou les capacités. Un chanoine devient trésorier, un homme de loi est chargé du ministère de la guerre, un moine monte sur le trône. Le gouvernement étant électif et les électeurs étant tous et seuls éligibles, et revêtus en outre d'un caractère divin, naturellement ils ne croient point avoir de supé-rieurs, et, sans vouloir circonscrire le degré de leur pouvoir, ils sont bien aises de participer largement à l'absolutisme de leur chef; ils ne veulent en aucune manière être subor-donnés à quelques-uns de leurs collègues, ils prétendent n'avoir de compte à rendre à personne, et ne s'assujettissent à aucune responsabilité. C'est principalement dans les pro-vinces qu'ils exercent leur souveraineté, de sorte que le gouvernement change, non-seulement avec le prince, mais avec le légat. Les évêques, revêtus d'une autre espèce d'auto-rité irresponsable et de caractère divin, exercent eux-mêmes un pouvoir indépendant et très-étendu, qui se trouve souvent en collision avec celui des représentants du prince. On peut en dire autant des chefs de la sainte inquisition. Ainsi les sujets pontaux sont soumis en même temps à trois ou quatre sortes de pouvoirs arbitraires et incohé-rents, qui s'éloignent l'un de l'autre et qui exercent chacun leur contrôle, non-seulement sur les actions, mais sur les pensées. On peut croire que sous un pareil gouvernement il n'existe point de vertus publiques, parce qu'il n'y a pas d'intérêts généraux. Dans la machine politique rien ne marche que par intrigue et faveur, tout est spéculation et égoïsme. Rome est le centre de cette corruption morale; Rome, qui a reçu des siècles le droit de tenir boutique de religion et de trafiquer de la justice; Rome, où l'on trouve le moyen de vivre commodément, non pas avec le produit de travaux honorables, mais en restant dans l'oisiveté, en frappant sa poitrine, en se promenant dans les antichambres, en faisant des dupes, en recueillant des cadeaux et des pots-de-vin pour les emplois, les grâces, les exemptions et les marchés. »

On comprend, en lisant ces détails, les conspirations et les soulèvements qu'excitait à tout bout de champ une pa-reille administration. D'un bout à l'autre des États pontifi-caux, on n'entendait parler que de sociétés secrètes qui, sous des noms différents, avaient toutes le même but, et toutes se rattachaient au *carbonarisme*. Le pape Léon XII avait succédé à Pie VII, le 28 septembre 1823. Ses tendances n'étaient pas moins antilibérales que celles de son prédé-cesseur. Ami de l'Autriche, il n'agit guère, durant tout son règne, que d'après les inspirations de cette puissance : aussi laissa-t-il, à sa mort, les États de l'Église dans une situation des plus misérables.

Pie VIII, son successeur, n'était pas fait pour opérer les changements dont l'administration avait de plus en plus besoin : ses sympathies pour les jésuites étaient trop fran-ches, pour qu'on pût rien attendre de lui en fait de progrès et de liberté. Son règne heureusement fut court. Le 2 février 1831, un religieux de l'ordre des Camaldules fut élu par le conclave pour le remplacer : le nouveau pontife, dont les qualités politiques et les talents administratifs étaient loin d'être à la hauteur des besoins de son temps, prit, en montant sur le trône de saint Pierre, le nom de Grégoire XVI.

Pas plus que les Romains, le royaume de Naples n'avait alors à se louer de ceux qui le gouvernaient. Ferdinand Ier, et François son successeur, établirent un système de com-pression tellement rigoureux, que leur règne ne fut qu'une longue série de persécutions et de condamnations. « Un mouvement insurrectionnel, dit Ricciardi, eut lieu dans la province de Salerne, dans l'été de 1828. Le soulèvement commença le 28 juin, au cri de *Vive la constitution française!* mais n'ayant pas été secondé par les autres provinces du royaume, et la capitale n'ayant pas bougé, il fut très-facile-ment réprimé par les troupes royales envoyées de Naples en toute hâte. Le roi avait confié le commandement de l'expédition, avec pleins pouvoirs, au général Delcarretto qui, après s'être signalé par son exaltation libérale en 1820 et 21, époque à laquelle il avait exercé les fonctions de chef d'état-major auprès du général Pepe, était devenu l'un des principaux soldes du gouvernement bourbonien. L'in-surrection était à peine étouffée que des cours prévôtales condamnaient à mort des centaines d'individus, dont onze furent exécutés à Salerne, et vingt dans le village de Bosco, lequel, pour avoir été le siège principal de la révolte, fut détruit de fond en comble, avec défense à ses habitants dispersés de reconstruire leurs maisons. » On voit, par cet aperçu, dans quelle situation précaire se trouvait l'Italie, lorsque éclata en France la révolution de 1830. C'était un des résultats du congrès de Vérone, tenu en 1823. L'asser-vissement de la péninsule semblait être une garantie néces-saire de la paix de l'Europe, aux yeux de l'Autriche et de ses alliés.

La révolution de juillet eut en Italie un effet immense. Les espérances de liberté commencèrent à renaître dans tous les esprits. On se flattait que le nouveau gouvernement français aiderait à la régénération politique de la pénin-sule; c'était toujours de notre côté que se tournaient les Italiens, lorsque l'oppression, arrivée à son comble, ame-nait une recrudescence dans leurs aspirations vers la li-berté.

L'avènement de Ferdinand II au trône de Naples et de Charles-Albert au trône de Sardaigne, à la fin de 1830, semblèrent donner raison aux vœux des Italiens. Des ré-formes furent inaugurées dans ces deux royaumes.

Grégoire XVI, cependant, continuait de se montrer attentif à la voix de son peuple. Bologne, Modène, Parme, Ferrare, se soulevèrent. Un gouvernement provisoire fut proclamé à Bologne le 4 février 1831 ; le duc de Modène dut quitter sa capitale ; il en fut de même de la duchesse de Parme, Ma-rie-Louise, qui transporta le siège de son gouvernement à Plaisance. Pesaro, Urbin, Sinigaglia, Fano, Ancône, firent leur adhésion, tandis que, de leur côté, se déclaraient Pérouse, Foligno, Terni, Narni, Spolète.

Cette révolution, cependant, n'aboutit à rien. Grâce à l'intervention de l'Autriche, les insurgés ne tardèrent pas à rentrer dans le devoir, et l'Italie vit encore une fois s'é-vanouir leurs rêves de liberté.

Mais l'attention de l'Europe était appelée vers le gou-vernement du pape. Les abus criants de son administration émurent à la fin les cinq grandes puissances, qui se réu-nirent et, le 10 mai 1831, présentèrent à Grégoire XVI le mémorandum suivant :

« Il paraît aux représentants des cinq puissances, que, quant à l'État de l'Église, il s'agit, dans l'intérêt général de l'Europe, de deux points fondamentaux :

» 1° Que le gouvernement de cet État soit assis sur des bases solides par les améliorations méditées et annoncées par Sa Sainteté elle-même dès le commencement de son règne;

» 2° Que les améliorations, lesquelles, selon l'expression de l'édit de Son Eminence le cardinal Bernetti, fonderont une ère nouvelle pour les sujets de Sa Sainteté, soient par une garantie intérieure mises à l'abri des changements in-hérents à la nature de tout gouvernement électif.

» Pour atteindre ce but salutaire, ce qui, à cause de la position géographique et sociale de l'État de l'Église, est d'un intérêt européen, il paraît indispensable que la dé-claration organique de Sa Sainteté parte de deux principes vitaux :

» 1° De l'application des améliorations en question, non-seulement aux provinces où la révolution a éclaté, mais aussi à celles qui sont restées fidèles, et à la capitale ;

» 2° De l'admissibilité générale des laïques aux fonctions administratives et judiciaires.

» Les améliorations paraissent devoir embrasser d'abord le système judiciaire et celui de l'administration municipale et provinciale.

» A. Quant à l'ordre judiciaire, il paraît que l'exécution entière et le développement conséquent des promesses et principes du *motu proprio* de 1816, présentent les moyens les plus sûrs et les plus efficaces de redresser les griefs assez généraux relatifs à cette partie si intéressante de l'or-ganisation sociale.

» B. Quant à l'administration locale, il paraît que le réta-blissement et l'organisation générale de municipalités élues par la population, et la fondation de franchises municipales pour régler l'action de ces municipalités dans les intérêts locaux des communes, devraient être la base indispensable de toute amélioration administrative.

» En second lieu, l'organisation des conseils provinciaux, soit d'un conseil administratif permanent destiné à aider le gouvernement de la province dans l'exécution de ses fonctions avec des attributions convenables, soit d'une réu-nion plus nombreuse, prise surtout dans le sein des nou-velles municipalités, et destinée à être consultée sur les intérêts les plus importants de la province, paraît extrê-mement utile pour conduire à l'amélioration et à la sim-plification de l'administration provinciale, pour contrôler l'administration communale, pour répartir les impôts et éclairer le gouvernement sur les véritables besoins de la province.

» L'importance immense d'un état réglé des finances, et d'une telle administration de la dette publique qui donne-rait la garantie si désirable pour le crédit financier du gou-vernement, et contribuerait si essentiellement à augmenter ses ressources et assurer son indépendance, paraît rendre indispensable un établissement central dans la capitale, chargé, comme cour suprême des comptes, du contrôle de la comptabilité du service annuel dans chaque branche de l'administration civile et militaire, et de la surveillance de la dette publique avec les attributions correspondantes au but aussi grand que salutaire qu'on se propose d'atteindre. Plus une telle institution portera le caractère d'indépendance et l'empreinte de l'union intime du gouvernement et du pays, plus elle répondra aux intentions bienfaisantes du souverain et à l'attente générale. Il paraît que, pour atteindre ce but, des personnes y devraient siéger, choisies par des conseils locaux, et formant avec des conseillers du gouvernement, une junte ou consulte administrative. Une telle junte formerait une partie d'un conseil d'État dont les membres seraient nommés par le souverain parmi les notabilités de naissance, de fortune et de talent du pays.

» Sans un ou plusieurs établissements centraux de cette nature, intimement liés aux notabilités d'un pays si riche d'éléments aristocratiques et conservateurs, il paraît que la nature d'un gouvernement électif ôterait nécessairement aux améliorations, qui forment la gloire éternelle du pontife régnant, cette stabilité dont le besoin est généralement et puissamment senti, et le sera d'autant plus vivement, que les bienfaits du pontife seront grands et précieux. »

En réponse à ce *memorandum*, Grégoire XVI fit rédiger par son secrétaire d'État, le cardinal Bernetti, une note qui fut adressée au marquis de Saint-Aulaire et qui contenait des promesses de réforme. Mais, il faut bien le dire, on s'en tint aux promesses : l'édit du 5 juillet, au lieu de modifier en bien le système judiciaire, par exemple, ne fit qu'y ajouter des dispositions plus absurdes peut-être que celles dont on se plaignait. L'intervention de la France et de l'Angleterre eut pourtant un heureux résultat : ce fut l'évacuation de la Romagne par les troupes autrichiennes. Cette mesure satisfit pleinement les puissances médiatrices; quant aux Italiens, qui attendaient impatiemment les réformes qu'on leur avait fait espérer, ils ne purent s'empêcher de laisser échapper leurs plaintes. Le pape crut devoir envoyer des troupes dans la Romagne : avec l'aide de l'Autriche, un corps de cinq mille hommes fut mis sur pied et dirigé vers les légations. Le cardinal Albani, qui en avait reçu le commandement, procéda avec la plus odieuse rigueur. Bientôt, ne se trouvant plus assez fort pour résister aux mécontents, qu'étaient venus outrer encore les massacres de Césène et de Forli, il appela les Autrichiens à son secours. Douze mille hommes accoururent aussitôt et s'emparèrent de Bologne.

Le gouvernement français ne pouvait accepter volontiers cet état de choses. Pour contre-balancer l'influence de l'Autriche et arrêter les réactions, Louis-Philippe envoya des troupes en Italie. Ancône fut occupée militairement, dans la nuit du 22 au 23 février 1832. Mais cette intervention n'aboutit malheureusement à rien, si ce n'est à étendre encore le système d'oppression qui, depuis 1815, semblait être inhérent à la politique papale. Cette situation dura jusqu'à la mort de Grégoire XVI.

Si la Romagne et le royaume de Naples, que Ferdinand II gouvernait avec un despotisme sans égal, gémissaient, sans qu'il fût même permis de protester contre leurs tyrans, il n'en était pas de même de toute l'Italie. Dans les États sardes, le roi Charles-Albert, malgré les irrésolutions de son caractère, inaugurait des réformes auxquelles la cause du progrès n'avait qu'à gagner.

Il en fut de même en Toscane et dans le duché de Lucques, dont la situation, tout en laissant encore beaucoup à désirer, était relativement heureuse, si l'on considère celle de la Romagne, de Naples et les Deux-Siciles.

N'oublions pas de dire en passant qu'une société s'était formée, qui visait à rendre à l'Italie la liberté et l'indépendance. Fondée à Marseille (1832) par un exilé de Gênes, Mazzini, la *Jeune Italie* rêvait l'établissement d'une république unitaire sur les ruines des gouvernements existants. Un journal, créé sous le même nom et en même temps que la société, fit dans toute la péninsule une ardente propagande, et rattacha à Mazzini un grand nombre de partisans. En 1834, une tentative de soulèvement, dirigée par ce dernier, eut lieu, mais fut partout réprimée, et cet échec le contraignit pour quelque temps à garder le silence.

Une autre insurrection, que nous croyons devoir citer, et qui était particulière aux États de l'Église, signala l'année 1843, mais n'eut pas un plus heureux résultat que celle dont Mazzini avait été le promoteur. « Tandis que des bandes armées, dit Ricciardi, parcouraient les montagnes du Bolonais, et tenaient pendant quelque temps contre les Suisses et la gendarmerie, le colonel Ribotti et quelques autres réfugiés appartenant presque tous à la *Légion itali-*

que, nouvelle société dont le siège était à Malte, tentaient un audacieux coup de main sur la ville d'Imola, coup de main qui fut sur le point d'aboutir à l'arrestation de trois cardinaux, parmi lesquels celui qui porte aujourd'hui le nom de Pie IX. Après plusieurs engagements avec les troupes pontificales, les insurgés errant dans les montagnes furent pris ou forcés de se jeter en Toscane, d'où, grâce aux sympathies des libéraux et à la tolérance du gouvernement, ils purent gagner l'étranger. Sur ceux qui tombèrent dans les mains du pouvoir, il y en eut six fusillés à Bologne, le 7 mai 1844; un septième, appelé Joseph Gardenghi, fut exécuté quelque temps après dans la même ville. Ces exécutions semblèrent d'autant plus cruelles, que les suppliciés étaient tous des hommes très-obscurs, les chefs du mouvement étant parvenus à s'échapper. »

XVIII.

Considérations générales. — Mort de Grégoire XVI. — Avénements de Pie IX.

Avant d'aller plus loin et d'aborder les événements qui suivirent la mort de Grégoire XVI, qu'on nous permette de montrer par des chiffres ce qu'était, en 1840, l'Italie sous le rapport matériel et moral.

Il y avait augmentation dans sa population et, dans ses revenus; ses armées et sa marine avaient aussi gagné. Mais son commerce était loin d'être en rapport avec la fécondité de son sol et avec les nombreux éléments d'industrie qu'elle possède.

La péninsule comptait alors environ 24 millions d'habitants. Cette population était ainsi répartie :

Lombardo-Vénitien,	5,600,000;
Naples et Sicile,	8,500,000;
Sardaigne,	4,500,000;
États de l'Église,	2,700,000;
Toscane,	1,500,000;
Parme,	465,000;
Modène,	400,000;
Lucques,	140,000;
Saint-Marin,	7,800;
Monaco,	7,000;

Ses revenus atteignaient un chiffre de 400 millions. Le royaume Lombardo-Vénitien revendiquait pour sa part 150 millions; Naples et Sicile, 114 millions; Sardaigne, 80 millions; États de l'Église, 40 millions; Toscane, 21 millions; Parme, 7 millions; Modène, 5 millions. Le duché de Lucques, la république de Saint-Marin et la principauté de Monaco n'avaient à eux trois qu'un million 500,000 francs.

La Lombardie-Vénétie et la Sardaigne étaient dans une assez bonne position financière; mais il n'en était pas de même des États romains, dont les charges publiques et les dépenses n'avaient fait que s'accroître depuis 1816.

L'effectif des forces militaires de l'Italie était de 260,000 hommes environ, dont 110,000 appartenant à la Sardaigne. Cette dernière puissance, supérieure aux autres sous le rapport militaire, leur était inférieure comme marine. Sur les 200 navires et les 40,000 marins qui composaient les forces de l'État, elle ne comptait que pour 1 vaisseau, 3 frégates, 2 vapeurs, 24 petits bâtiments divers et 10,000 marins.

À l'égard du commerce et de l'industrie, les États les mieux partagés étaient encore le Lombardo-Vénitien et Naples; les plus arriérés étaient ceux de l'Église. « Ce qui paralysait la richesse naturelle de l'Italie, dit M. Zeller, ainsi que l'activité des habitants, c'était l'excès de la protection, la rareté des capitaux et des voies de communication, la division des États, la multiplicité des douanes particulières, la variété des poids, mesures et monnaies. Les gouvernements avides ne comprenaient pas leur propre intérêt et maintenaient à un taux très-élevé les taxes d'entrée et de sortie. Le succès des entreprises était trop problématique pour que les riches propriétaires osassent y engager une partie de leur fortune. Les communications au dehors et à l'intérieur étaient difficiles; les Alpes percées sur bien des points étaient cependant encore un obstacle. L'Italie possède beaucoup et de bons ports; les forêts des Alpes et des Apennins peuvent lui assurer une bonne marine; cependant, presque toutes ses productions étaient et sont encore expédiées sous pavillon étranger dans les contrées lointaines. Les voies de terre sont encore rares ou en mauvais état, surtout dans les États de l'Église, Naples et la Sicile; les voies de fer sont encore une exception. En 1845, le roi de Sardaigne avait le projet de relier Chambéry à Turin par un chemin de fer tournant le mont Cenis; le roi de Naples, la même année, voulait diriger deux voies de Naples sur Termoli, dans la province de Molise et sur Lecce, dans la terre d'Otrante. Les Apennins étaient franchis, la mer Adriatique reliée à la mer de Sicile; ce ne furent que des projets. Les divisions politiques, la variété des poids, mesures, monnaies, la multiplicité des douanes, non-seulement d'État à État, mais de ville à ville, étaient encore plus funestes. De Milan à Florence, dans un espace de cent cinquante milles italiens, il y avait huit droits de douanes à payer; de Bologne à Lucques, sept dans l'espace de cent vingt-trois milles. Aussi, la péninsule était la terre classique de la contrebande, principalement à Naples et dans les États de l'Église; l'ancien bandit s'était fait contrebandier. Il trouvait des éléments nombreux de succès dans son audace, dans les accidents physiques du pays, dans la lourdeur des taxes et dans la connivence des employés fort mal rétribués. En 1843, l'établissement d'un tarif uniforme sur tout le cours du Pô parut indiquer que l'Autriche et le Piémont voulaient entrer dans une nouvelle voie. L'idée d'une association douanière, d'un zollverein, germa un instant en Italie. La configuration physique de l'Italie, l'unité de la religion, du langage, des mœurs, semblaient devoir rendre la chose facile; mais la susceptibilité bien naturelle des autres États vis-à-vis de l'Autriche, qui possède la plus riche et la plus puissante partie de la péninsule, la fit abandonner. On craignit de payer d'un asservissement complet la rançon de quelques avantages matériels : l'unité des poids, mesures, monnaies, n'a même pu être obtenue. »

On voit par ces détails, ce qu'était l'Italie dans les dernières années du pontificat de Grégoire XVI. Or, sa situation morale n'était pas plus satisfaisante que son état matériel. La Sardaigne et le Lombardo-Vénitien étaient encore les mieux partagés sous ce rapport; mais les États de l'Église, la Toscane, Naples, étaient indignes du titre de nations civilisées. Quelques-unes des grandes villes possédaient seules des écoles publiques, et, dans les campagnes, l'ignorance de la lecture était générale.

Aussi les écrivains distingués de l'Italie ne pouvaient-ils s'empêcher de gémir et d'appeler de tous leurs vœux, dans des écrits que la censure persécutait à outrance, la liberté et l'indépendance de leur pays. L'abbé Gioberti, en 1843, faisait paraître son livre : Del primato morale e civigle degl' Italiani (De la suprématie morale et civile des Italiens). Ce qu'il demandait, c'était la confédération des États, sous la présidence du souverain pontife. L'Autriche elle-même était appelée à faire partie de cette confédération, ce qu'elle vit d'un fort mauvais œil. Elle n'accueillit pas mieux l'ouvrage du comte César Balbo : Speranze d'Italia (Espérances de l'Italie). « Oubliant trop, dit un écrivain déjà cité, le haut prix attaché au tout temps par l'Autriche à la possession des provinces italiennes, et les immenses sacrifices faits par elle, de 1796 à 1814, d'abord pour les garder, ensuite pour rétablir son usurpation, le comte Balbo s'évertuait à prouver que la dissolution plus ou moins prochaine de l'empire ottoman, dissolution devant amener nécessairement un remaniement général de l'Europe, pourrait décider l'Autriche, grâce à des compensations sur le Danube, à renoncer spontanément au royaume Lombardo-Vénitien. »

Mazzini, le chef de la Jeune-Italie, ne restait pas muet, pendant ce temps. Il annonçait tout haut le but qu'il se proposait, vis-à-vis de la religion et du pouvoir politique : remplacer le catholicisme par une sorte de philanthropie, ayant Dieu et le peuple pour termes; reconstituer l'Italie par l'unité et la centralisation, en créant une république indivisible et démocratique qui comprendrait toute la Péninsule et dont le centre serait naturellement à Rome.

Les masses, aigries par l'oppression, la misère, tendaient volontiers l'oreille à ces paroles de liberté qui leur arrivaient de l'exil. Elles souffraient de voir l'Autrichien faire de leur pays un théâtre de persécutions, et elles étaient toutes prêtes à s'unir et à se lever contre lui au premier moment opportun. Tout faisait présager que ce moment était enfin venu, lorsque le 1er juin 1846, mourut Grégoire XVI.

On put espérer alors que le successeur de ce pape, sachant mieux accommoder ses devoirs religieux aux besoins de son époque, chercherait à apporter un remède aux maux qui désolaient le pays. L'attente, non-seulement de l'Italie, mais de l'Europe entière, parut d'abord devoir se réaliser,

lorsque les cardinaux, quittant le silence et le recueillement du conclave, proclamèrent le nom du cardinal Mastaï-Ferretti, qui désormais s'appela Pie IX.

Le comte Jean-Marie de Mastaï-Ferretti était né à Sinigaglia le 13 mai 1792. Sur le point d'entrer, en 1815, dans les gardes-nobles, il fut détourné de ce projet par la faiblesse de sa santé, se décida pour la carrière ecclésiastique. étudia au collège de Volterra, fut ordonné prêtre et envoyé en mission au Chili (1823), et enfin cardinal en 1840. Sa charité bien connue, sa haute raison, son caractère conciliant, le désignèrent comme successeur du pape en 1846, et le peuple romain célébra son avénement comme il eût accueilli la venue de l'indépendance elle-même.

Les premiers actes du nouveau pontife semblèrent, en effet, donner raison aux espérances du peuple italien. Il commença par renvoyer les cinq mille Suisses que Grégoire XVI avait pris à solde, pour s'en faire une garde contre les Romains, et accorda une amnistie générale aux condamnés politiques. Lorsque nous disons une amnistie générale, nous nous trompons peut-être, si nous en croyons Ricciardi, et, nous l'avouons, sa position exceptionnelle comme historien, son caractère d'une haute honorabilité, légitiment notre confiance. « Parvenu au trône pontifical, dit-il en parlant de Pie IX, le nouvel élu ne pouvait qu'adopter une politique différente de celle qu'avait suivie son prédécesseur. Ce ne fut pas toutefois sans une certaine répugnance qu'il entra dans la voie que l'opinion générale lui montrait. Son avénement eut lieu le 16 juin 1846. Or, ce ne fut qu'un mois après qu'il proclama l'amnistie; mais cet acte essentiellement réparateur et que rendait indispensable le nombre immense de réfugiés ou condamnés politiques qui erraient sur la terre étrangère ou peuplaient les prisons de l'État, fut accompli de manière à en atténuer de beaucoup la portée. Notons d'abord que les ecclésiastiques, les militaires et les employés du gouvernement étaient exclus de l'amnistie, ce qui était déjà la restreindre considérablement. Mais ce n'est pas tout. Après un assez long préambule, qu'il nous semble inutile de rapporter, voici comment s'exprimait Pie IX à l'égard des détenus politiques : « Il est fait « à tous nos sujets qui se trouvent actuellement en lieu de « punition pour délits politiques, remise de leur peine, « pourvu qu'ils fassent par écrit une déclaration solennelle, « sur leur honneur, de ne vouloir, en aucune manière ni en « aucun temps, abuser de cette grâce, et de remplir à l'ave- « nir tous les devoirs de bons et fidèles sujets. » Quant aux nombreux proscrits des États-Romains, on leur accordait le délai d'une année pour faire connaître aux nonces apostoliques leur désir de profiter de cet acte de clémence du souverain. Enfin la proclamation papale se terminait par une menace; car, après avoir fait appel à l'union entre les gouvernements et les gouvernés, Pie IX ajoutait ces paroles : « Mais dans le cas où notre espérance se trouve- « rait trompée, ce serait avec une bien amère douleur que « nous nous rappellerions que si la clémence est l'attribut « le plus doux de la souveraineté, la justice en est le pre- « mier devoir. » L'amnistie de Pie IX n'était donc pas pleine et entière, mais conditionnelle, et ne différait pas beaucoup de celle octroyée, en 1838, par l'Autriche. Aussi plusieurs parmi les exilés refusèrent de rentrer, car ils n'auraient pu le faire sans désavouer les principes et les actes de toute leur vie politique.

Tel fut le caractère des mesures que prit successivement Pie IX. Ce qui lui manquait surtout, c'était la promptitude de la résolution. Les Romains avaient pour habitude d'accueillir par des manifestations publiques chacun des actes du pontife. Le cardinal Gizzi, secrétaire d'État, ayant interdit le retour de ces démonstrations, le peuple se souleva, et le cardinal dut donner sa démission. Un parent de Pie IX, le cardinal Ferretti lui succéda. En même temps, les Autrichiens jetaient douze cents hommes dans Ferrare, et s'emparaient des portes de la ville.

La France intervint; elle obtint que les troupes autrichiennes fussent retirées et déclara au pape par la bouche de son ambassadeur, le comte de Rossi, qu'elle était prête à donner son appui aux réformes administratives qui seraient tentées dans les États romains. Rossi n'était pas seul à pousser le pape dans la voie des réformes; le célèbre père Ventura, de son côté, l'y engageait de toutes ses forces : « Si l'Église ne marche pas avec le peuple, disait l'illustre Théatin, les peuples ne s'arrêteront pas, mais ils marcheront sans l'Eglise, hors de l'Eglise, contre l'Eglise. »

XIX.

La Révolution romaine. — Proclamation de la République à Rome. Pie IX à Gaëte. — Expédition du général Dundinot.

Nous ne rappellerons pas tous les évènements qui précédèrent la révolution de 1848. La guerre même de l'indépendance ne saurait trouver place ici : ce n'est pas une histoire de l'Italie que nous écrivons, mais seulement l'histoire de nos rapports avec la péninsule. Si nous nous étendons de temps à autre sur des détails qui semblent étrangers à ce sujet, c'est pour mieux faire comprendre les raisons qui ont amené les interventions du gouvernement de notre pays dans les affaires de la péninsule.

Pie IX, après avoir demandé successivement à plusieurs ministres la coopération dont il avait besoin, prit le parti de sortir enfin de ce système de tergiversation qui lui était si nuisible et confia la présidence du cabinet provisoire qu'il venait d'instituer au comte Pellegrino Rossi (14 septembre). Celui-ci accepta ; mais son impopularité lui rendait la tâche plus difficile qu'à tout autre. Au moment où il se rendait à l'ouverture du parlement qu'il avait convoqué, afin de lui faire connaître son programme, il fut frappé d'un coup de couteau à la gorge et tomba mort sur les degrés du palais (15 novembre).

La révolution apparut alors, aux yeux de Pie IX, sanglante, horrible. Il prit le parti de lui céder la place. Le 25 au soir, il s'enfuit habillé en prêtre, traversa Rome dans la voiture de la comtesse de Spaur, femme de l'ambassadeur de Bavière, et parvint à gagner Gaëte, où Ferdinand II lui accorda un asile.

Le 9 février 1849, après une délibération de quinze heures, les députés romains réunis en séance, adoptèrent, à la majorité de cent quarante-trois voix contre onze, un décret qui prononçait la déchéance temporelle du pape et proclamait la république démocratique romaine. Florence ne devait pas tarder à imiter Rome et à s'ériger aussi en république libre.

En apprenant la proclamation de la république romaine, les membres de la Constituante française qui se faisaient remarquer par des opinions purement démocratiques, envoyèrent aux constituants de Rome une adresse, à laquelle ces derniers répondirent :

Rome, 20 mars 1849.

« Citoyens, c'est à un moment solennel, à la veille des combats, que votre adresse nous est parvenue. Nous y puisons de nouvelles forces, de nouveaux encouragements pour la sainte lutte qui va s'ouvrir. La France a fait de grandes choses en ce monde. Vous avez souffert, espéré, combattu pour l'humanité, et toute voix venant de vous nous impose des devoirs que, Dieu aidant, nous saurons accomplir.

« Vous avez senti, citoyens, tout ce qu'il y a de noble, de grand, de providentiel, dans ce drapeau des rénovations flottant au-dessus de la ville qui renferme le Capitole et le Vatican : le droit éternel recevant une nouvelle confirmation, un troisième monde se levant, au nom de Dieu et du peuple, au-dessus des ruines éteintes des deux mondes, une Italie, qui sera la sœur de la France, brisant le couvercle de sa sépulture pour venir demander, au nom d'une mission à remplir, droit de cité dans la fédération des peuples.

« Vous avez compris que nos cœurs sont purs de haine et d'intolérance, que nous accomplissons une œuvre d'amour et d'amélioration humaine, et qu'en revendiquant nos droits sans toucher à la croyance, en séparant enfin nous l'avons fait le pape du prince, nous avons pris l'engagement de ne pas souiller cette œuvre au contact des basses passions et des lâches vengeances qu'une presse corrompue et trompée s'obstine à nous reprocher. Cet engagement, nous le tiendrons. Des paroles telles que les vôtres dédommagent de bien des calomnies, nous rassurent contre bien des complots. Nous savons que vous éclairerez vos concitoyens sur le caractère de notre révolution, et que vous maintiendrez pour nous ce droit à la vie nationale que vous avez les premiers proclamé et conquis.

« Il n'y a qu'un soleil au ciel pour toute la terre; il n'y a qu'un but, qu'une loi, qu'une seule croyance, association, progrès pour tous ceux qui la peuplent. Comme vous, nous combattons pour le monde entier. Nous sommes tous frères, nous le serons quoi qu'on fasse.

« Comptez sur nous : nous comptons sur vous. Si dans la crise que nous allons traverser, les forces viennent à nous manquer, nous nous souviendrons de votre promesse, nous vous crierons : *Frères, l'heure est venue, levez-vous!* Et nous verrons vos volontaires accourir. Ensemble nous avons combattu l'empire, nous combattrons encore ensemble pour tout ce qu'il y a de plus sacré pour les hommes : Dieu, patrie, liberté, république, sainte alliance des peuples.

« *Le vice-président*, Charles-Lucien-BONAPARTE.

« Les secrétaires, les questeurs et cent-vingt-trois « membres de l'assemblée. »

Pie IX, cependant, après s'être retiré à Gaëte, avait chargé le cardinal Antonelli de demander le secours des quatre puissances catholiques, la France, l'Autriche, l'Espagne et Naples. L'Autriche se prépara à marcher sur Bologne; Naples rassembla un corps d'armée sur le Garigliano. L'Espagne enfin commença ses armements, tandis que l'Assemblée nationale votait, en France, 1,200,000 fr. pour subvenir à l'expédition de Civita-Vecchia.

Voici comment s'exprimait, le 17 avril 1849, M. Odilon Barrot, président du conseil des ministres, en exposant à l'Assemblée les motifs de cette expédition : « Les informations qui nous arrivent annoncent dans les Etats romains une crise imminente. La France ne peut y rester indifférente. Le protectorat de nos nationaux, le soin de maintenir notre légitime influence en Italie, le désir de contribuer à faire obtenir aux populations romaines un bon gouvernement fondé sur des institutions libérales, tout nous fait un devoir d'user de l'autorisation que vous nous avez accordée. Il nous serait impossible d'entrer dans plus de détails sans compromettre le but même que nous avons en vue; en pareilles circonstances, une part doit toujours être réservée aux éventualités. Mais ce que nous pouvons vous affirmer dès à présent, c'est que du fait de notre intervention sortiront d'efficaces garanties, et pour les intérêts de notre pays et pour la cause de la vraie liberté. »

M. Jules Favre, rapporteur de la commission nommée par l'Assemblée, monta ensuite à la tribune et fit entendre ces paroles : « La commission a appelé dans son sein M. le président du conseil et M. le ministre des affaires étrangères. De leurs explications il est résulté que la pensée du gouvernement n'est pas de faire concourir la France au renversement de la république qui subsiste actuellement à Rome; qu'il agit dans sa liberté, dégagé de toute solidarité avec d'autres puissances, ne consultant que ses intérêts, son honneur, la part d'influence qui lui appartient nécessairement dans tout grand débat européen. Votre commission a pris acte de ces déclarations positives; elle vous prie de ne point les oublier dans le cours de la délibération qui va s'ouvrir. Fille d'une révolution populaire, la république française ne pouvait sans s'amoindrir coopérer à l'asservissement d'une nationalité indépendante. L'assemblée qui tant de fois a manifesté ses sympathies pour la cause italienne ne peut humilier sa politique en se faisant la complice de l'Autriche. Mais c'est précisément parce que le Piémont a succombé, parce que les armées impériales menacent la Toscane et la Romagne, en vertu des lois de la guerre et des privilèges de la victoire, c'est parce qu'à leur suite éclateraient nécessairement de cruelles réactions, qu'il importe à la France, sous peine d'abdiquer, de faire flotter son drapeau en Italie, pour qu'à son ombre l'humanité soit respectée et la liberté au moins partiellement sauvée. Votre commission a compris qu'en autorisant le pouvoir exécutif à occuper un point de l'Italie aujourd'hui menacée, vous lui donneriez pour mission de poser une limite aux prétentions de l'Autriche, et de terminer par un arbitrage, que la force de nos armes appuierait au besoin, tous les différends qui divisent encore la Péninsule, et que notre intérêt comme notre honneur nous commandent de trancher dans le sens le plus favorable possible au développement des institutions démocratiques. »

Le 25 avril, le général Oudinot débarquait à Civita-Vecchia, à la tête de sept mille hommes. Nos troupes furent reçues à bras ouverts par les habitants.

Malgré les paroles de paix prononcées par le général lors de son débarquement, on se doutait trop encore qu'elles étaient ses intentions. Le triumvirat romain, dont faisait partie Mazzini, envoya dire au général Oudinot que, dans le cas où les troupes françaises marcheraient sur Rome, l'assemblée nationale avait pris la résolution d'opposer la force à la force.

Le général français ne s'en décida pas moins à opérer son mouvement en avant. Il commença par mettre Civita-Vecchia en état de siège, fit emprisonner le gouverneur, ordonna de désarmer la garnison et un bataillon que les triumvirs avaient en toute hâte envoyé sous le commandement du général Mellara. Enfin le 29, il arriva devant la partie occidentale de la ville des papes.

Divisée en deux parties inégales par le Tibre, Rome a pour fortifications, du côté du Transtévère, de vieux murs sans fossés et sans glacis, qui protégent seuls vers le nord-ouest la basilique de Saint-Pierre et les jardins du Vatican. Quatre portes principales donnent accès dans la ville, du nord au sud : les portes Angelica, Cavaliggere, San Pancrazio et Portesi.

Le 30 avril, dans la matinée, un combat très-vif s'engagea près de ces portes. Les Français comptaient tout au plus huit mille hommes; leurs adversaires avaient l'avantage du nombre. Le général Oudinot s'aperçut vite que la ville ne pourrait être prise qu'après un siège en règle. Après avoir subi des pertes assez considérables, il se retira précipitamment sur Castel-Guido, laissant entre les mains de Garibaldi près de trois cents prisonniers.

Cette attaque du 30 avril motiva, en France, de la part de l'assemblée nationale, une demande d'explications au ministère. Le ministre des affaires étrangères ayant nié toute participation dans cet évènement, la résolution suivante fut aussitôt votée à une immense majorité :

« L'assemblée nationale invite le gouvernement à prendre sans délai les mesures nécessaires pour que l'expédition d'Italie ne soit pas plus longtemps détournée du but qui lui était assigné. »

M. de Lesseps fut envoyé à Rome avec une mission extraordinaire. Son premier soin fut, en arrivant, de faire provisoirement suspendre les hostilités. Il chercha ensuite à pénétrer la situation de la république romaine, et fit tous ses efforts pour obtenir l'occupation du territoire romain à titre de protection.

La première partie de son but fut remplie par l'appel qu'il fit à la loyauté des triumvirs. Mazzini, au nom de ses collègues, lui adressa la réponse suivante, que nous croyons intéressant de reproduire en entier :

« Vous nous demandez quelques notes sur l'état actuel de la république romaine. Je vais vous les fournir avec cette franchise qui a été, pour moi, dans vingt années de vie politique, une règle inviolable. Nous n'avons rien à cacher, rien à déguiser. Nous avons été, en ces derniers temps, étrangement calomniés en Europe ; mais nous avons toujours dit à ceux auprès desquels on nous calomniait : *Venez et voyez*. Vous êtes maintenant ici, monsieur, pour vérifier la réalité des accusations : faites-le. Votre mission peut s'accomplir avec une liberté pleine et entière. Tous l'ont saluée avec joie, car elle est notre garantie.

« La France ne nous conteste pas sans doute le droit de nous gouverner comme nous l'entendons, le droit de tirer, pour ainsi dire, des entrailles du pays la pensée qui règle sa vie et d'en faire la base de nos institutions. La France ne peut que nous dire : — En reconnaissant votre indépendance, c'est le vœu libre et spontané de la majorité que je veux reconnaître. Liée aux puissances européennes et cherchant la paix, s'il était vrai qu'une minorité s'opposât chez vous aux tendances nationales, s'il était vrai que la forme actuelle de votre gouvernement ne fût que la pensée capricieuse d'une faction substituée à la pensée commune, je ne pourrais pas voir avec indifférence que la paix de l'Europe fût continuellement en danger par les emportements et l'anarchie qui doivent nécessairement caractériser le règne d'une faction.

« Nous reconnaissons ce droit à la France, car nous croyons à la solidarité des nations pour le bien. Mais nous disons que si jamais il y eut gouvernement issu de la majorité et maintenu par elle, ce gouvernement, c'est le nôtre.

La république s'est implantée chez nous par la volonté d'une assemblée issue du suffrage universel ; elle a été acceptée partout avec enthousiasme; elle n'a rencontré d'opposition nulle part. Et, remarquez bien cela, jamais l'opposition ne fut plus facile, si peu dangereuse, je dirai même si provoquée; non par ses actes, mais par les circonstances exceptionnellement défavorables dans lesquelles elle s'est trouvée placée à son début.

« Le pays sortait d'une longue anarchie de pouvoirs, inhérente à l'organisation même du gouvernement déchu. Les agitations inséparables de toute grande transformation, et fomentées en même temps par les crises de la question italienne et par les efforts du parti rétrograde, l'avaient jeté dans une excitation fébrile qui le rendait accessible à toute tentative hardie, à tout appel aux intérêts et aux passions. Nous n'avions pas d'armes, pas de puissance répressive : conséquence des dilapidations antérieures, nos finances étaient appauvries, épuisées. La question religieuse, maniée par des mains habiles et intéressées, pouvait servir de prétextes auprès d'une population douée d'instincts et d'aspirations magnanimes, mais peu éclairée. Et cependant, aussitôt le principe républicain proclamé, un premier fait incontestable se produisit : l'ordre. L'histoire du gouvernement papal se détaille par ses émeutes; il n'y en a pas eu une seule sous la république. L'assassinat de M. Rossi, fait déplorable, mais isolé, excès individuel repoussé par tout le monde, provoqué peut-être par une conduite imprudente, et dont la source est restée ignorée, fut suivi de l'ordre le plus complet.

« La crise financière atteignit son apogée; il y eut un instant dans lequel le papier de la république ne put, par suite de manœuvres indignes, s'escompter qu'à 41 ou 42 pour cent. L'attitude des gouvernements italiens devint de plus en plus hostile. Difficultés matérielles et isolement politique, le peuple supporta tout avec calme. Il avait foi dans l'avenir qui sortirait du principe nouvellement proclamé.

« Aujourd'hui, au milieu de la crise, en face de l'invasion française, autrichienne et napolitaine, nos finances se sont améliorées, notre crédit se refait, notre papier s'escompte à 12 pour cent, notre armée grossit chaque jour, et les populations entières sont prêtes à se soulever derrière elle. Vous voyez Rome, monsieur, et vous connaissez la lutte héroïque que soutient Bologne. J'écris seul, dans la nuit, au milieu du calme le plus profond. La garnison a quitté la ville hier soir, et avant l'arrivée de nouvelles troupes, à minuit, nos portes, nos murailles et nos barricades étaient, sur un simple mot passé de bouche en bouche, garnies sans bruit, sans forfanterie, par le peuple en armes. Il y a au fond du cœur de ce peuple une décision bien arrêtée : la déchéance du pouvoir temporel investi dans le pape; la haine du gouvernement des prêtres, sous quelque forme, mitigée, détournée, qu'il puisse se présenter. Je dis la haine, non des hommes, mais du gouvernement. Envers les individus, notre peuple s'est toujours, Dieu merci, depuis l'avénement de la république, montré généreux; mais l'idée seule du gouvernement clérical du roi-pontife le fait frémir. Il luttera avec acharnement contre tout projet de restauration. Il se jettera dans le schisme plutôt que de le subir.

« Par suite de menaces obscures, mais surtout du manque d'habitudes politiques, un certain nombre d'électeurs n'avaient pas contribué à la formation de l'assemblée, et ce fait paraissait affaiblir l'expression du vœu général. Un second fait caractéristique, vital, vint répondre d'une manière irréfutable aux doutes qui auraient pu prévaloir. Il y eut, peu de temps avant l'installation du triumvirat, réélection des municipalités. Tout le monde vota. Partout et toujours l'élément municipal représente l'élément conservateur de l'État. Chez nous, on redouta un instant qu'il ne représentât un élément rétrograde. Eh bien, l'orage avait éclaté, l'intervention était initiée ; on aurait dit que la république n'avait plus que quelques jours à vivre; et ce fut ce moment que les municipalités choisirent pour faire acte d'adhésion spontanée à la forme choisie. Pendant la première quinzaine de ce mois, aux adresses des cercles et des commandements de la garde nationale, vinrent se joindre, deux ou trois exceptées, celles de toutes les municipalités. J'ai eu l'honneur, monsieur, de vous en transmettre la liste. Elles proclament toutes un dévouement explicite à la république, et une profonde conviction que les deux pouvoirs réunis sur une seule tête sont incompatibles. Ceci, je le répète, constitue un fait décisif. C'est une seconde épreuve légale complétant la première et constatant notre droit de la manière la plus absolue.

« Lorsque les deux questions se posèrent devant l'Assemblée, il se trouva quelques membres timides qui jugèrent la proclamation de la forme républicaine prématurée, dangereuse vis-à-vis de l'organisation européenne actuelle; pas un seul pour voter contre la déchéance; droite et gauche se confondirent. Il n'y eut qu'une seule voix pour crier : *le pouvoir temporel de la papauté est à jamais aboli.* Avec un tel peuple que faire? Y a-t-il un gouvernement libre qui puisse s'arroger sans crime et contradiction le droit de lui imposer un retour au passé? Le retour au passé, songez-y, monsieur, c'est le désordre organisé; c'est la lutte des sociétés secrètes à recommencer; c'est l'anarchie jetée au sein de l'Italie; c'est la réaction, la vengeance inoculée au cœur d'un peuple qui ne demande qu'à oublier : c'est un brandon de guerre en permanence au cœur de l'Europe; c'est le programme des partis extrêmes remplaçant le gouvernement d'ordre républicain dont nous sommes aujourd'hui les organes. Ce n'est pas la France qui peut vouloir cela; ce n'est pas son gouvernement; ce n'est pas un neveu de Napoléon. Ce n'est pas surtout en présence du double envahissement des Napolitains et des Autrichiens; il y aurait aujourd'hui dans la poursuite d'un dessein hostile quelque chose qui rappellerait le concert de 1772 contre la Pologne. Il y aurait, au reste, impossibilité de réalisation : ce ne serait que sur des monceaux de cadavres, et sur les ruines de nos villes, que le drapeau levé par la volonté du peuple pourrait être abattu. »

M. de Lesseps, d'après les renseignements obtenus du triumvirat, crut devoir chercher à traiter avec la république romaine. Après de longs pourparlers, une convention fut acceptée et signée par les deux parties; mais le général Oudinot venait de recevoir de France de nouveaux ordres : il refusa la convention, dénonça l'armistice et commença les travaux de siège.

Les armées des puissances catholiques, cependant, n'étaient pas restées inactives. Les Autrichiens, sous le commandement du général Wimpfen, s'étaient avancés jusque sous Bologne; après un bombardement de deux jours, la ville dut capituler (16 mai). Huit jours après, les Autrichiens mettaient le siège devant Ancône, tandis que les Espagnols débarquaient à Gaëte sous les ordres du général Fernando de Cordoba. Dans l'intervalle, un engagement avait eu lieu à Velletri entre les Napolitains et la légion de Garibaldi; celle-ci, après un avantage chaudement disputé, était rentrée dans Rome.

Ce fut le 3 juin 1849 que commença le siège de la ville éternelle. « Pour pouvoir entreprendre des travaux de siège, dit Ricciardi, il fallait resserrer la place et en dégager les abords; il était nécessaire surtout de s'emparer du petit plateau sur lequel les villas Panfili, Valentini et Corsini forment des postes avancés, d'où l'assiégé aurait pu prendre à travers les tranchées et les batteries. Enfin, il n'était pas sans importance pour les assiégeants de se porter sur le Tibre, au-dessus de Rome, et occuper le Milvius (*Ponte Molle*). Aussi à deux heures du matin, tandis que la brigade qui s'était déjà emparée de *Monte-Mario* surprenait le poste romain qui gardait le Milvius, une autre brigade se portait contre la villa Panfili, ouvrait à l'aide de mines une brèche dans le mur d'enceinte, et, après quatre heures de lutte acharnée, se rendait maîtresse de la position. A dix heures, les Français marchaient contre les villas Corsini et Valentini, dont l'enlèvement ne présentait pas moins de difficultés. Prises et reprises quatre fois, ces importantes positions tombèrent, elles aussi, au pouvoir des assaillants. Les pertes furent très-considérables des deux parts. Du côté des défenseurs de Rome, on compta trois cents trente-six blessés et un assez grand nombre de morts. »

C'était aux généraux Sauvan et Mollière que revenait la plus grande part dans le succès de cette journée. Le 12 juin, les travaux que dirigeait le général Levaillant, et qui avaient pour but d'entamer les parallèles destinées à couvrir le Janicule, étaient complètement terminés; rien, depuis le 4, n'avait pu les interrompre ni même les ralentir, bien qu'à plusieurs reprises les assiégés eussent opéré contre nous des sorties très-vives, notamment dans la soirée du 9 et dans la matinée du 12. On commença le bombardement : les canons tonnaient contre Rome de trois côtés à la fois. Ordre avait été donné d'épargner avant tout les monuments : l'on n'eut de ce côté aucune perte à déplorer. Le 21, trois brèches étaient enfin ouvertes dans les remparts de la place.

Ce même jour, un premier assaut fut donné vers dix heures du soir. Assiégés et assiégeants firent merveille. Garibaldi et les siens furent obligés de céder la place aux Français, qui durent à leur tour s'arrêter devant l'enceinte Aurélienne. Une nouvelle batterie fut construite dans le fossé de la ville; le 28 juin, elle ouvrit son feu et fit dans les murs une large brèche. On s'occupa alors de rendre cette brèche praticable, ce qui fut fait le lendemain.

Le 29, jour de la fête de Saint-Pierre, un engagement eut lieu, qui dura jusqu'à la nuit. Les Romains, accablés par les nôtres, durent se retirer sur Montorio, d'où notre feu ne tarda pas à les chasser.

L'Assemblée romaine comprit alors que toute résistance était désormais impossible. Garibaldi avait proposé de continuer la lutte, mais en affirmant qu'il faudrait sacrifier une partie de la ville. L'Assemblée chargea les triumvirs de traiter avec les vainqueurs. Mazzini s'y refusa, ainsi que ses deux collègues, Armellini et Saffi. Tous trois donnèrent leur démission et furent immédiatement remplacés par un nouveau triumvirat, composé de Calandrelli, Salicetti et Mariani, lesquels ne voulurent pas davantage entendre parler de soumission.

La municipalité se vit forcée de détacher trois de ses membres pour aller traiter avec Oudinot. Le général français fit son entrée dans la ville, le 3 juillet, au moment même où, des hauteurs du Capitole, l'assemblée romaine proclamait cette constitution qu'elle avait achevé de discuter au bruit du canon tonnant contre les remparts de Rome.

Les représentants de la république, restés fidèles à leur poste, n'abandonnèrent le Capitole que le 4 au soir. Forcés de se retirer devant un bataillon français qui avait envahi la salle, ils ne se séparèrent qu'après avoir remis au colonel une protestation, où, entre autres signatures, figurait celle du vice-président de l'Assemblée, Charles-Bonaparte, prince de Canino.

Le duc de Reggio s'occupa d'organiser dans Rome un pouvoir provisoire, chargé de maintenir l'ordre et de veiller à la sûreté publique. Par ses soins, la proclamation suivante fut affichée sur tous les murs de la ville :

« HABITANTS DE ROME,

« L'armée envoyée par la république française sur votre
« territoire a pour mission de rétablir l'ordre réclamé par
« le vœu des populations. Une minorité factieuse ou égarée
« nous a contraints de donner l'assaut à vos remparts.
« Nous sommes maîtres de la place; nous accomplirons
« notre mission. Au milieu des témoignages de sympathie
« qui nous ont accueillis, là surtout où les sentiments du
« vrai peuple romain n'étaient pas contestables, quelques
« clameurs hostiles se sont fait entendre et nous ont forcés
« à une répression immédiate.

« Que les gens de bien et les vrais amis de la liberté
« reprennent confiance; que les ennemis de l'ordre et de
« la société sachent que si des manifestations subversives
« provoquées par une faction étrangère se renouvelaient,
« elles seraient rigoureusement punies.

« Pour donner à la sécurité publique des garanties posi-
« tives, j'arrête les dispositions suivantes :

« Provisoirement, tous les pouvoirs sont concentrés entre
« les mains de l'autorité militaire; elle fera immédiatement
« appel au concours de l'autorité municipale.

« L'Assemblée, le gouvernement, dont le règne violent
« et oppressif a commencé par l'ingratitude et a fini par
« un appel impie à la guerre contre une nation amie des
« populations romaines, cessent d'exister.

« Les clubs et les associations politiques sont fermés.
« Toute publication par la voie de la presse, toute affiche
« non autorisée par le pouvoir militaire sont provisoire-
« ment interdites.

« Les délits contre les personnes et les propriétés sont
« justiciables des tribunaux militaires.

« Le général de division Rostolan est nommé gouverneur
« de Rome.

« Le général de brigade Sauvan est nommé commandant
« de la place.

« Le colonel Sol est nommé major de place.

« Rome, le 3 juillet 1849.

« *Le général commandant en chef,*

« OUDINOT DE REGGIO. »

De toutes les autorités romaines, la municipalité seule était restée debout; quelques jours plus tard elle fut dissoute à son tour, et vit les armes pontificales remplacer celles de la république.

Garibaldi était sorti de Rome dans la nuit du 1er au 2 juillet; il avait avec lui près de sept mille hommes. Décidé, malgré tout, à défendre la cause de l'indépendance, il se dirigea vers la Toscane en excitant ses soldats à souffrir pour leur pays : « Voici, leur dit-il, ce qui vous attend : la « chaleur et la soif pendant le jour, le froid et la faim pen- « dant la nuit; point de solde, point de repos, point d'abri, « mais en revanche une misère extrême, des alertes et des « marches continuelles, des combats à chaque pas. Que ceux « là seuls qui aiment l'Italie me suivent ! »

Traqué par les Autrichiens, Garibaldi vit bientôt une artie des siens l'abandonner. Après avoir traversé le territoire de la république de Saint-Marin, il parvint à s'embarquer dans le petit port de Cesenatico, avec sa femme et 200 légionnaires qui lui restaient. Montée sur treize barques de pêcheurs, la petite troupe arriva en vue de Venise. Mais assaillie par un brick Autrichien, elle fut prise en partie après avoir essuyé une canonnade des plus vives. Cinq barques seulement purent gagner la côte à Mesola. Garibaldi, après trois jours de marche, eut la douleur de voir mourir sa femme, la courageuse Annita, qui s'était associée à tous ses projets, avait partagé tous ses périls et n'avait pas craint de combattre à ses côtés dans tous les engagements auxquels il avait assisté.

XX.

La Triumvirat rouge. — Les Réformes. — Une lettre du Président de la République française. — Rentrée de Pie IX à Rome.

Rome maintenant allait retomber sous la domination pontificale. Le pape, délivré de ses ennemis, n'avait plus qu'à rentrer dans la ville sainte ; il crut devoir attendre encore. C'était le résultat inévitable de la situation. La France et l'Autriche, toutes deux appelées à la restauration du pouvoir religieux, prétendaient user de leur influence à l'égard de son chef. Pie IX n'avait plus besoin de la France : c'était une raison pour le sacrifier. L'Autriche, de son côté, fâchée de l'infériorité à laquelle la réduisait l'occupation de Rome par nos troupes, conseillait au pape de se défier de nos conseils.

Cependant il fallait redonner à Rome un gouvernement. La cour de Gaëte chargea de ses pleins pouvoirs une commission, composée de trois cardinaux, Sermatei della Genga, Vannicelli Casoni et Altieri, que le peuple surnomma le *Triumvirat rouge*.

La notification suivante, publiée à Viterbe, donnera une idée de la réaction qui eut lieu, et fera voir quelles pouvaient être les intentions du pape en fait de réformes libérales :

« Voulant rétablir entièrement l'ordre public dans les provinces qui nous ont été confiées, et pourvoir par des mesures efficaces à ce qu'il ne soit plus troublé, en vertu de nos pouvoirs, nous ordonnons ce qui suit :

« Tout emblème de l'anarchie sera détruit, les magistrats locaux seront chargés de relever sans retard les armes et la bannière du légitime gouvernement pontifical. Il est défendu à qui que ce soit, sous peine d'arrestation immédiate, de porter aucun signe républicain, comme bonnet rouge, ruban, etc. La garde civique ordinaire et mobilisée, les corps francs et ceux des volontaires sont dissous. Ils devront, en conséquence, dans les cinq jours, rendre leurs armes et munitions de guerre, sous peine d'être punis avec toute la rigueur des lois.

« Les *casini* seront fermés. Quant aux cercles, ils sont prohibés, et toute association politique est dissoute.

« Il est défendu de se réunir au nombre de cinq personnes, et surtout le soir.

« Depuis onze heures du soir, quiconque sera trouvé dans les rues sans motif juste et grave, sera arrêté et condamné à cinq jours d'emprisonnement, et à un mois de cas de récidive.

« La liberté de la presse est et demeure suspendue.

« On devra soumettre à l'autorité ecclésiastique ou à la police, suivant les matières, tout ce que l'on voudra publier. En cas de contravention, outre la confiscation de l'imprimé, l'éditeur et l'auteur seront passibles d'une amende de vingt-cinq écus pour la première fois, de cinquante pour la seconde et de cent pour la troisième. Dans ce dernier cas l'imprimerie sera fermée et l'imprimeur déclaré à jamais inhabile à exercer sa profession.

« Les livres et imprimés, soit étrangers, soit nationaux, ne pourront être mis en circulation sans la permission de l'autorité ecclésiastique ou de la police. Lesdits livres ou imprimés ne pourront être vendus dans les rues et places, mais seulement dans les boutiques et avec autorisation écrite. Toutes contraventions seront punies de la confiscation et d'une amende qui sera de dix écus au moins et de vingt au plus.

« Les mêmes dispositions seront applicables aux gravures et lithographies.

« Sont déclarées nulles et de nul effet les aliénations et distractions de biens, meubles et immeubles, appartenant à des ecclésiastiques, à des couvents et à des établissements pieux, effectuées par le gouvernement révolutionnaire. Tout individu qui ne remettrait pas dans les cinq jours à la police les livres, papiers, objets, vases et ornements sacrés, sera considéré comme coupable de vol qualifié et puni suivant toute la sévérité de la loi.

« Sera passible des mêmes peines quiconque, ayant en sa possession des objets enlevés à des particuliers par le régime démocratique, ne les aurait pas remis à la police dans le délai ci-dessus.

« De notre résidence actuelle de Viterbe, ce 3 août 1849.

« Jérôme d'ANDREA, *archevêque de Mitylène*,
« *commissaire pontifical extraordinaire.* »

Lorsqu'on apprit en France la manière dont les choses se passaient, on crut devoir adresser au gouvernement du pape d'amicales représentations. L'intention du président de la république n'avait pas été de restaurer l'autorité cléricale avec tous ses errements et ses anciens abus. Louis-Napoléon écrivit au colonel Edgard Ney (18 août 1849) la lettre suivante :

« La république française n'a pas envoyé une armée à Rome pour y étouffer la liberté italienne, mais, au contraire, pour la régler, en la préservant contre ses propres excès, et pour lui donner une base solide, en remettant sur le trône pontifical le prince qui, le premier, s'était placé hardiment en tête de toutes les réformes utiles. J'apprends avec peine que les intentions bienveillantes du saint-père, comme notre propre action, restent stériles, en présence de passions et d'influences hostiles. On voudrait donner comme base à la rentrée du pape la proscription et la tyrannie. Dites de ma part au général Rostolan qu'il ne doit plus permettre qu'à l'ombre du drapeau tricolore on commette aucun acte qui puisse dénaturer le caractère de notre intervention.

« Je résume ainsi le rétablissement du pouvoir temporel du pape : Amnistie générale, sécularisation de l'administration, code Napoléon et gouvernement libéral.

« J'ai été personnellement blessé, en lisant la proclamation des trois cardinaux, de voir qu'il n'était pas même fait mention du nom de la France, ni même des souffrances de nos braves soldats.

« Toute insulte faite à notre drapeau ou à notre uniforme me va droit au cœur, et je vous prie de bien faire savoir que si la France ne vend pas ses services, elle exige au moins qu'on lui sache gré de ses sacrifices et de son abnégation.

« Lorsque nos armées firent le tour de l'Europe, elles laissèrent partout, comme trace de leur passage, la destruction des abus de la féodalité et les germes de la liberté: il ne sera pas de 1849 une armée française ait pu agir dans un autre sens et amener d'autres résultats.

« Dites au général de remercier en mon nom l'armée de sa noble conduite. J'ai appris avec peine que, physiquement même, elle n'était pas traitée comme elle devait l'être; rien ne doit être négligé pour établir convenablement nos troupes.

« Recevez, mon cher Ney, l'assurance de ma sincère amitié.

« LOUIS-NAPOLÉON BONAPARTE. »

Cette lettre produisit un certain effet sur la cour de Gaëte. Quelques concessions furent faites, mais non sans résistance ; le retour du pape dans Rome fut encore différé.

Déjà la guerre de l'indépendance italienne était terminée. Venise, restée la dernière dans la lutte, avait dû ouvrir ses portes aux Autrichiens, malgré la courageuse défense soutenue par les généraux Pepe, Ulloa et Rosaroll. La noble cité ne s'était rendue qu'à la dernière extrémité, alors qu'elle n'avait plus, comme l'a dit son illustre citoyen, le président Manin, qu'une livre de pain et une once de poudre (31 août).

Quelques jours après, la proclamation qu'on va lire fut adressée par Pie IX aux habitants de ses États :

« Portici, 12 septembre 1849.

« A peine les vaillantes armées des puissances catholiques qui, avec un vrai dévouement filial, ont concouru au rétablissement de notre liberté et de notre indépendance dans le gouvernement temporel des domaines du saint-siège, vous eurent délivrés de cette tyrannie qui vous opprimait de mille façons, non-seulement nous avons adressé des hymnes de reconnaissance au Seigneur, mais en même temps nous nous sommes empressé d'expédier à Rome une commission de gouvernement dans la personne de trois prélats considérables (*ragguardevoli porporati*). Ils étaient chargés de reprendre en notre nom les rênes du gouvernement civil, et d'aviser, avec l'aide d'un ministère autant que les circonstances le comporteraient, à prendre les mesures qui, pour le moment, étaient réclamées dans l'intérêt de l'ordre, de la sécurité et de la tranquillité publiques.

« Nous nous sommes occupé à établir les bases d'institutions capables de vous assurer, à vous, nos bien-aimés sujets, les libertés convenables (*le convenienti larghezze*), et d'assurer en même temps notre indépendance, que nous avons l'obligation de conserver intacte en face de l'univers. Cette mesure a pour but de satisfaire les gens de bien qui ont tant mérité notre spéciale bienveillance et notre estime, et de détromper les malheureux égarés qui s'étaient prévalus de nos concessions pour renverser l'ordre social.

« Ainsi donc, pour montrer à tous que nous n'avons en vue que votre véritable et solide prospérité, de notre propre mouvement (*motu proprio*), science certaine et plénitude de notre autorité, nous avons résolu de décréter ce qui suit :

« Art. 1er. Il est institué à Rome un conseil d'État.

« Il donnera son avis sur les projets de loi avant qu'ils soient soumis à la sanction souveraine. Il examinera toutes les questions importantes dans chaque branche de l'administration publique sur lesquelles il sera consulté par nous et par nos ministres.

« Une loi spéciale déterminera le nombre et les qualités des conseillers, leurs devoirs, leurs prérogatives, la règle des discussions et tout ce qui peut concerner le fonctionnement régulier d'une si importante concession.

« Art. II. Une consulte d'État sera instituée pour les finances.

« Elle sera entendue sur le budget de l'État ; elle en examinera les dépenses ; elle prononcera les sentences en reddition de comptes ; elle donnera son avis sur l'établissement de nouveaux impôts et sur la diminution de ceux qui existent, sur le meilleur mode de répartition à suivre, sur les moyens les plus efficaces de faire refleurir le commerce, et en général sur tout ce qui concerne les intérêts du trésor public.

« Les membres de la consulte seront choisis par nous sur des listes qui nous seront présentées par les conseils provinciaux. Leur nombre sera proportionné à celui des provinces. Ce nombre pourra être augmenté par une addition déterminée de personnes que nous nous réservons de nommer.

« Une loi spéciale déterminera le mode de présentation des membres de la consulte, les qualités requises, les règles de l'expédition des affaires de finances et tout ce qui peut efficacement et promptement contribuer à la réorganisation de cette branche si importante de l'administration publique.

« Art. III. L'institution des conseils provinciaux est confirmée. Les conseillers seront choisis par nous sur des listes présentées par les conseils communaux.

« Les conseils provinciaux discuteront les intérêts locaux de la province, les dépenses à faire à sa charge, ce sera un concours, les comptes de recette et de dépense de l'administration intérieure ; cette administration sera exercée par une commission administrative qui sera choisie par chaque conseil provincial, sous sa responsabilité.

« Quelques-uns des membres du conseil provincial seront choisis pour faire partie du conseil du chef-lieu de la province pour l'aider dans les fonctions de vigilance qui incombent aux municipalités.

« Une loi spéciale déterminera le mode de représentation, les qualités requises et le nombre des conseillers pour chaque province, les devoirs et les rapports qui devront exister entre les administrations provinciales et les grands intérêts de l'État, et jusqu'où doit s'étendre sa tutelle supérieure.

« Art. IV. Les représentations et les administrations municipales jouiront des franchises les plus larges que peut comporter l'intérêt local des communes.

« L'élection des conseillers municipaux aura pour base un nombre large d'électeurs, en ayant principalement égard à la propriété. Les éligibles, outre les qualités intrinsèquement nécessaires, devront payer un cens qui sera déterminé par la loi.

« Les chefs de commune (*capi delle magistrature*) seront nommés par nous, et leurs adjoints (*anziani*) seront nommés par les gouverneurs de province sur une triple liste présentée par le conseil communal.

« Une loi spéciale déterminera les qualités et le nombre des conseillers communaux, le mode d'élection, le nombre des membres de l'administration municipale, et réglementera la marche de l'administration en la coordonnant avec les intérêts de la province.

« Art. V. Les réformes et les améliorations s'étendront aussi à l'ordre judiciaire ainsi qu'à la législation civile, criminelle et administrative. Une commission sera nommée pour s'occuper du travail nécessaire à ce but.

« Art. VI. Finalement, toujours porté par l'inclination de notre cœur paternel à l'indulgence et au pardon, nous voulons faire encore cette fois un acte de clémence envers les hommes égarés qui furent poussés à la félonie et à la révolte par les séductions, par l'incertitude et peut-être encore par l'inertie des autres. Nous devons avoir présent à l'esprit, en cette circonstance, ce que réclament la justice, fondement des États, les droits d'autrui opprimés ou lésés, le devoir qui nous incombe de vous protéger contre le retour des maux qui vous ont accablés, l'obligation de vous soustraire aux pernicieuses influences des corrupteurs de toute morale et des ennemis de la religion catholique, cette source éternelle de tout bien, de toute prospérité sociale, qui a fait votre gloire et qui vous distinguait comme une famille élue de Dieu et favorisée de ses dons particuliers.

« Dans ces sentiments, nous voulons qu'il soit publié en notre nom une amnistie pour les peines encourues par tous ceux qui, dans les limites qui seront déterminées, ne se trouveront pas exclus de ce bénéfice.

« Telles sont les dispositions que, pour votre bien-être, nous avons cru devoir publier devant Dieu. En même temps qu'elles sont compatibles avec les devoirs de nos fonctions apostoliques, nous avons la ferme conviction qu'elles peuvent, étant fidèlement exécutées, produire l'heureux résultat que désirent les hommes sages et honnêtes. J'en ai pour garant le juste sentiment de chacun de vous, dont le cœur soupire après le bien en proportion des épreuves subies.

« Mais surtout mettons notre confiance en Dieu, qui, même au milieu d'une juste colère, n'oublie jamais sa miséricorde.

Pie IX. »

Le triumvirat rouge, comme l'appelait le peuple, crut devoir faire suivre cette proclamation de la notification suivante :

« Sa Sainteté Notre Seigneur le pape ayant égard aux circonstances qui atténuent chez un certain nombre de ses bien-aimés sujets la culpabilité de leur participation aux troubles politiques qui ont récemment affligé les États pontificaux ; désirant montrer de plus en plus la bonne volonté de son cœur vraiment paternel, et usant de son plein pouvoir en faveur d'hommes égarés, plutôt séduits que séducteurs, nous a ordonné de faire connaître en son auguste nom ce qu'il a daigné arrêter par suite de l'article 6 de son *motu proprio* souverain du 12 de ce mois.

« Nous conformant en conséquence au vénérable commandement de Sa Sainteté, nous nous empressons de publier les dispositions suivantes, aux termes de la pensée souveraine qui nous a été exprimée :

« A ceux qui ont pris part à la dernière révolution des États pontificaux, est accordé, par bienfait souverain, le pardon de la peine qui leur serait due pour les délits politiques dont ils seraient responsables.

« Sont exclus de cette grâce :

« Les membres du gouvernement provisoire ;

« Les membres de l'assemblée constituante qui ont pris part aux délibérations de cette assemblée ;

« Les membres du triumvirat et du gouvernement de la république ;

« Les chefs des corps militaires ;

« Tous ceux qui, ayant déjà une fois joui du bénéfice de l'amnistie accordée par Sa Sainteté, ont manqué à leur parole d'honneur en participant aux derniers bouleversements politiques ;

« Enfin ceux qui, outre les délits politiques, se sont rendus coupables de délits particuliers prévus par les lois en vigueur.

« La présente amnistie n'implique pas le maintien dans les emplois du gouvernement ni dans les emplois provinciaux ou municipaux, de tous ceux qui s'en seraient rendus indignes par leur conduite pendant les derniers événements. La même réserve est applicable aux militaires et aux employés de toutes armes. »

Nous nous abstenons de toute réflexion au sujet du *motu proprio* de Pie IX et de la notification de ses ministres; nous ajouterons seulement que les rigueurs exercées par ceux-ci furent telles que les populations elles-mêmes appelaient de tous leurs vœux le retour du pontife. Pie IX, dans l'impossibilité où il se vit de résister plus longtemps à la légitime impatience du peuple, fit sa rentrée dans Rome, le 4 avril 1850, escorté par le prince Altieri et le général Baraguey-d'Hilliers.

Depuis cette époque, la situation de l'Italie n'a cessé de préoccuper l'Europe tout entière. La France surtout s'en est émue, et a cherché le remède à apporter aux maux de la péninsule. Au moment où nous écrivons ces lignes, les plaines de l'Italie voient se renouveler les glorieuses journées d'autrefois. Plusieurs armées sont en présence, l'une combattant pour le territoire que lui ont adjugé les traités de 1815, celle-ci pour l'indépendance et le bien-être de la patrie; une troisième a mis dans la balance son épée tant de fois victorieuse, et, comme toujours, c'est la cause de la liberté qu'elle défend. Le résultat, pour nous, n'est pas douteux; et nous croyons pouvoir écrire, comme autrefois l'un des plus grands génies italiens, l'un des plus grands génies du monde, voulons-nous dire : « Réjouis-toi, Italie! Car il est enfin venu le jour où tu dois être délivrée de l'esclavage des méchants!... »

XXI.

Deux documents en guise de conclusion.

En terminant ce long travail, nous croyons utile de reproduire deux pièces également intéressantes, en ce sens qu'elles mettent à même d'apprécier l'issue qui conviendrait le mieux aux intérêts italiens, lorsque, la guerre terminée, il restera à organiser dans la péninsule un gouvernement qui lui rende l'indépendance et la prospérité auxquelles elle a droit.

En mai 1848, un projet de confédération fut rédigé à Rome par l'abbé Rosmini, le P. Ventura et monseigneur Corboli-Bussi, délégué du souverain-pontife : c'était encore, quoi qu'on en dise, l'unité politique, sous une forme moins absolue qu'on ne l'avait jusqu'alors envisagée.

Le voici, tel qu'il fut approuvé par le pape et accepté par le roi de Naples (le Piémont, trop occupé par la guerre qu'il avait à soutenir contre les Autrichiens, fut obligé d'ajourner son adhésion) :

« Depuis le moment où les trois gouvernements de Rome, de Turin et de Florence, ont formé la ligue douanière, leur pensée a été d'arriver à la conclusion d'une ligue politique qui devint comme le nœud de la nationalité italienne, et qui pût donner à l'Italie cette unité de force qui est nécessaire à sa défense intérieure et extérieure, et au développement régulier et progressif de la prospérité nationale. Un tel but ne pouvant être atteint d'une manière complète et permanente, si ladite ligue ne prend la forme d'une Confédération d'États, les trois gouvernements précités, fermement résolus à amener leur pensée à plein et entier effet, et à jeter les premières bases de la Confédération, ont nommé leurs plénipotentiaires, etc.

« Art. 1er. Entre les États de l'Église, le roi de Sardaigne et le grand-duc de Toscane, est établie à perpétuité une Confédération, par laquelle, moyennant l'unité des forces et de l'action, sont garantis les territoires desdits États, et est protégé le développement progressif et pacifique des libertés concédées et de la prospérité nationale.

« Art. 2. L'auguste et immortel Pie IX, médiateur et promoteur de la ligue de la Confédération et ses successeurs, en seront les présidents à perpétuité.

« Art. 3. Dans le délai d'un mois, à partir de la ratification de la présente convention, se réunira à Rome une représentation des trois États confédérés, chacun desquels enverra trois députés. Ceux-ci seront élus par le pouvoir législatif, et recevront l'autorisation de discuter et d'établir la Constitution fédérale.

« Art. 4. La Constitution fédérale aura pour but d'organiser un pouvoir central qui devra être exercé par une Diète permanente à Rome, dont les attributions seront les suivantes : 1° déclarer la paix et la guerre, et, tant dans le

cas de guerre qu'en temps de paix, régler les contingents de chaque État nécessaires tant à l'indépendance extérieure qu'à la tranquillité intérieure et au maintien des institutions; 2° fixer le système des douanes de la Confédération, et faire l'équitable répartition des dépenses et des bénéfices entre les États; 3° négocier et stipuler les traités de commerce et de navigation avec les nations étrangères; 4° veiller à la concorde et à la bonne intelligence entre les États confédérés, et maintenir leur égalité politique, la Diète devant exercer sa médiation d'une manière permanente dans tous les litiges qui pourraient naître ; 5° pourvoir à l'uniformité du système monétaire, des poids et mesures, de la discipline militaire, des lois commerciales, et se concerter avec chacun des États pour arriver graduellement à la plus grande unité possible dans les autres parties de la législation politique, civile, pénale, et aussi dans la procédure; 6° régler et diriger, de concert avec chaque État, les entreprises d'un intérêt général pour la nation.

« Art. 5. Il demeurera libre à tous les États italiens d'accéder à la présente Confédération.

« Art. 6. Le présent traité sera ratifié par les hautes parties contractantes dans l'espace d'un mois, et plus promptement s'il est possible. »

Voyons maintenant comment ce projet de confédération a été traité par une des brochures les plus importantes qui soient écloses avant le commencement de la guerre. Cette brochure, dont le but était de résumer la politique du gouvernement actuel à l'égard de la Péninsule, et dont le titre est : *L'empereur Napoléon III et l'Italie*, s'exprime ainsi :

« La politique française a des traditions qu'elle ne saurait abandonner à aucune époque, parce qu'elles répondent aux intérêts permanents de son influence. L'une de ces traditions, c'est que les Alpes, qui sont pour elle un rempart, ne deviennent pas une forteresse armée contre sa puissance. Nos vieux rois l'avaient compris comme le comprirent plus tard la république et le premier empire. Dans cette pensée nationale, Henri IV ne faisait que devancer Napoléon. Ce grand roi, dont l'esprit était aussi pratique que le cœur était chevaleresque, savait qu'entre la France et l'Autriche, l'Italie devait s'étendre librement et n'appartenir qu'à elle-même : « ils sont si divisés et si irrésolus, « disait-il en parlant des princes italiens, que chacun avan- « cera sa servitude. » — Or, la servitude de l'Italie était le but que poursuivait avec une persistance infatigable la maison d'Autriche, comme la condition même de sa grandeur. L'obstacle à l'accomplissement de ce but était dans la volonté de Henri IV, qui n'aurait jamais permis la domination de la maison de Hapsbourg par l'amoindrissement et l'humiliation de la France. On reconnaît son génie politique dans le plan qu'il organise en vue de la lutte que sa clairvoyance pressentait. D'abord, lui, l'ancien chef des protestants, n'hésite pas à soutenir le saint-siège, et il comprend à merveille que, pour être forte, l'Italie doit s'unir au Pape. Il blâme la république de Venise de sa lutte avec Rome, et il intervient pour opérer une réconciliation aussi essentielle aux intérêts religieux qu'aux intérêts politiques. D'accord avec le pape Clément VIII, il détache ensuite le duc de Savoie de la maison d'Autriche, et il en fait son allié en même temps que le défenseur de la nationalité italienne. Par cette alliance, il assure à la France la liberté des Alpes, et, en cas de guerre, un magnifique champ de bataille pour une lutte offensive ou défensive. Sa mort prématurée renversa ce plan au moment où il allait recevoir son exécution et donner à la monarchie française une puissance et un éclat qu'elle n'avait plus depuis longtemps. La nationalité italienne en serait sortie nécessairement victorieuse : en perdant Henri IV elle perdait tout, et elle se trouvait ainsi rejetée dans un ajournement dont la Providence seule sait le terme.

« Dans le plan de Henri IV, le Milanais était attribué au duc de Savoie, qui prenait le titre de roi de Lombardie; la Sicile était donnée aux Vénitiens, et le royaume de Naples passait dans le domaine du pape. Quelques places importantes étaient soumises à la Toscane ; un lien fédératif devait unir et consacrer l'existence de ces différents États, «...afin, dit Sully, que tous ces États et princes, quand associés ensemble en communauté d'intérêts, ils en fussent rendus plus considérables, sans que néanmoins, par cette confédération, il fust rien changé en leurs possessions et lois accoustumées... »

« Il est remarquable que la pensée de Henri IV, si bien définie par Sully, se soit retrouvée en 1847 dans le plan de confédération qui échoua en 1848. Ce que le chef de la maison de Bourbon n'a pas eu le temps d'accomplir et ce qui a échoué en 1848 par des causes générales qui, grâce à Dieu, n'existent plus, peut-il se faire aujourd'hui? Est-il nécessaire de changer les conditions d'existence politique de l'Italie? Est-il possible de lui donner une organisation conforme à son histoire, à ses mœurs, à ses intérêts, à ses vœux? Cette organisation, longtemps préparée, déjà formulée, trouvera-t-elle des obstacles et répondra-t-elle au but que doit se proposer l'Europe? Tels sont les points qui nous restent à éclaircir pour compléter cet exposé.

« D'abord, est-ce nécessaire? — Après l'analyse que nous avons faite de la situation des Etats italiens, nous pouvons en conclure qu'il n'est pas un seul d'entre eux, Rome comme Turin, Naples comme Florence, qui, dans une mesure et par des raisons différentes, selon son caractère propre, selon le rôle que lui imposent des nécessités supérieures ou des circonstances spéciales, selon le degré d'importance dont il jouit et la part d'influence qu'il est appelé à prendre dans les affaires générales de l'Europe; il n'en est pas un, disons-nous, qui ne sente la nécessité de modifier les conditions de son existence politique. Cette nécessité reconnue, faut-il l'éluder, l'ajourner? N'est-il pas plus sage de l'aborder franchement, et de s'y soumettre avec cette confiance que donne le sentiment d'un grand devoir à remplir?

« Maintenant est-ce possible? Est-il possible, aujourd'hui, dans les conditions où se trouve l'Italie, de la confédérer, comme l'Allemagne, et de créer ainsi une force italienne qui la fasse vivre de la vie nationale, et qui la délivre de la nécessité des occupations militaires et de la fatalité des révolutions?

« Le point le plus délicat, c'est Rome, à cause du caractère mixte de ce pouvoir, où le spirituel et le temporel sont confondus. Quel sera l'effet d'une confédération italienne par rapport au pape? Cet effet, selon nous, peut se résumer ainsi : il grandira le prestige et le pouvoir moral de la papauté; il détendra le lien trop étroit qui unit le prince au pontife, et qui enserre toute l'activité d'un peuple, au risque de le faire éclater, dans le cercle inflexible du pouvoir ecclésiastique.

« Aujourd'hui, comme il y a onze ans, on ne peut concevoir qu'une ligue italienne dont le centre serait à Rome et dont le pape aurait la présidence. La préséance de Rome sur les autres villes de la Péninsule est consacrée par le temps, par la gloire, par l'admiration et la piété de tous les peuples. La préséance du pape résulte de son titre de pontife; il représente la souveraineté éternelle de Dieu, et ce caractère auguste permet aux plus grands rois de s'incliner devant lui. Ce n'est pas un maître, un père!

« Turin, Naples, Florence, Milan, Venise, ont leurs souvenirs, leur importance, leur grandeur, qui pourraient créer entre elles des droits égaux et de justes rivalités; mais ces droits s'effacent devant la ville éternelle. Aucune de ces capitales n'est humiliée de reconnaître la tête de la fédération dans une ville qui fut la capitale du monde entier.

« En recevant cet accroissement d'influence morale, en se trouvant investi de cette sorte de protectorat sur toute l'Italie, que lui décernent les respects de tous les peuples, le pape peut, sans s'amoindrir, diminuer son pouvoir temporel et soulager sa responsabilité politique. Il peut, sans s'exposer, organiser au-dessous de lui un contrôle sérieux, une administration séculière, une législation civile, une magistrature régulière et indépendante. Tout ce qu'il perd en priviléges il le gagne en importance. Au lieu de gouverner un peuple immobile, il étend sa main sur toute l'Italie pour la bénir et la conduire; il est le chef irresponsable et vénéré d'une confédération de 26 millions de chrétiens qui, classés en différents Etats, aboutissent tous au centre, où se résument l'activité et la grandeur de l'Italie.

« Voilà pour le pape : sa part est belle assurément. Celle des autres Etats ne laisserait rien à regretter à leur ambition ou à leur intérêt. La Sardaigne y gagnerait d'être dégagée de ses embarras intérieurs et extérieurs; elle se produirait dans la confédération avec le rôle important qu'elle joue en Italie et en Europe. Son armée, éprouvée par des revers et par des victoires, serait la tête de l'armée fédérale; ses hommes d'Etat, ses lumières, ses luttes politiques, lui donneraient sur l'opinion une influence qui s'étendrait bien au delà de sa frontière et qui rayonnerait dans la Péninsule tout entière. Enfin le roi de Naples, le grand duc de Toscane, etc., condamnés à régner sous la protection de l'Autriche, retrouveraient leur indépendance, pourraient redevenir princes italiens sans craindre les révolutions.

« On comprend que nous ne donnons pas ici un plan de confédération. Celui qui avait été rédigé en 1848, et auquel avaient adhéré le pape, le roi de Naples, le roi de Piémont, le grand-duc de Toscane, fournirait encore plus d'un élément utile. Il reposait, comme le pacte germanique, sur ce double principe facile à organiser et à concilier même avec des formes diverses du gouvernement : solidarité de tous les Etats confédérés dans la défense intérieure et extérieure; indépendance de chacun d'eux dans l'exercice de leur souveraineté particulière.

« Les Etats italiens confédérés, c'est l'Italie pacifiée, c'est la papauté consolidée et élevée à toute la grandeur de sa mission; c'est l'Europe affranchie d'un péril qui peut la troubler profondément. L'intérêt général conduit donc à cette solution.

« Mais il y a un obstacle en dehors de l'Italie, en dehors de l'intérêt européen : c'est la situation de l'Autriche en Lombardie. Il est donc dans la logique de la politique autrichienne de s'y opposer, comme elle s'est opposée aux réformes, comme elle s'opposera à tout.

« Que faut-il faire? Faut-il se courber sous le *veto* de Vienne? faut-il passer outre? Est-ce un appel à la force ou un appel à l'opinion qui peut triompher de cette résistance et amener une solution réclamée par l'intérêt général? C'est la dernière question que nous avons à résoudre.

« Les traités qui lient les gouvernements aux lois internationales des peuples, et ne seraient invariables que si le monde était immobile.

« Si les traités qui doivent protéger la sécurité de l'Europe la mettent en danger, c'est qu'ils ne répondent plus aux nécessités ou aux besoins qui les ont dictés. La sagesse politique conseille alors de leur substituer autre chose.

« Une puissance qui se retrancherait derrière des traités pour résister à des modifications réclamées par le sentiment général aurait pour elle, sans doute, le droit écrit, mais elle aurait contre elle le droit moral et la conscience universelle.

« Donc, s'il est démontré que la situation des Etats italiens soit non-seulement une cause de souffrance pour ce pays, mais encore une cause d'inquiétude, de malaise et peut-être de révolution pour l'Europe, la lettre des traités serait vainement invoquée : elle ne pourrait pas tenir contre la nécessité de la politique et l'intérêt de l'ordre européen.

« Qu'y a-t-il donc à faire? En appeler à la force? Que la Providence éloigne de nous cette extrémité! Il faut en appeler à l'opinion.

« Lorsque la véritable situation de l'Italie sera connue dans toute l'Europe, et que tout le monde sera convaincu qu'il y a au milieu des Etats les plus éclairés du globe, sur cette terre où naquit la civilisation, un foyer de trouble, de désordre, de perturbation profonde, qui pourrait si facilement redevenir un foyer de lumières et de noble activité, alors l'opinion pourra juger et s'imposer peut-être, comme la justice pacifique du bon droit.

« C'est pour la mettre en mesure de prononcer ce jugement que nous avons fait ce travail.

« Nous n'avons aucune hostilité contre l'Autriche. L'Italie est le seul motif de difficulté qui puisse exister entre elle et la France. Nous respectons sa situation en Allemagne qui n'a rien à craindre de nous sur le Rhin. La solution de la question italienne aurait pour résultat d'effacer entre la France et l'Autriche tout sujet de dissentiment. Ces deux puissances peuvent se rapprocher par beaucoup d'intérêts communs, et ce n'est pas trop de l'union de tous les grands gouvernements de l'Europe pour prévenir les complications de l'avenir. C'est pour resserrer cette entente de vues et d'efforts si nécessaires au bien général, que nous voudrions écarter toutes les difficultés actuelles et résoudre l'une des questions les plus urgentes et les plus considérables du moment.

« Gouverner, c'est prévoir. La meilleure manière d'assurer la paix, c'est de devancer les complications susceptibles d'amener la guerre. Il y a des dangers en Italie, nous les signalons; il y a de côté des garanties à donner à des intérêts fondamentaux, nous les réclamons. Il y a des causes qui ne peuvent pas succomber dans le monde; celle-ci est du nombre, parce qu'elle n'est ni égoïste ni exclusive : c'est la cause de la nationalité d'un peuple vivant, de l'équilibre de l'Europe et peut-être de l'indépendance de la papauté que la France a toujours défendue. Dieu réserverait sans doute une belle part de gloire humaine à ceux qui soutiendraient cette lutte. La gloire ne nous tente pas; nous en avons assez dans l'histoire du passé comme dans nos événements contemporains pour n'en pas désirer davantage. Nous souhaitons donc ardemment que la diplomatie fasse, la veille d'une lutte, ce qu'elle ferait le lendemain d'une victoire. Que l'Europe s'unisse énergiquement pour cette œuvre de justice et de paix! Elle doit être avec nous, parce que nous serons toujours avec elle pour défendre son honneur, son équilibre et sa sécurité. »

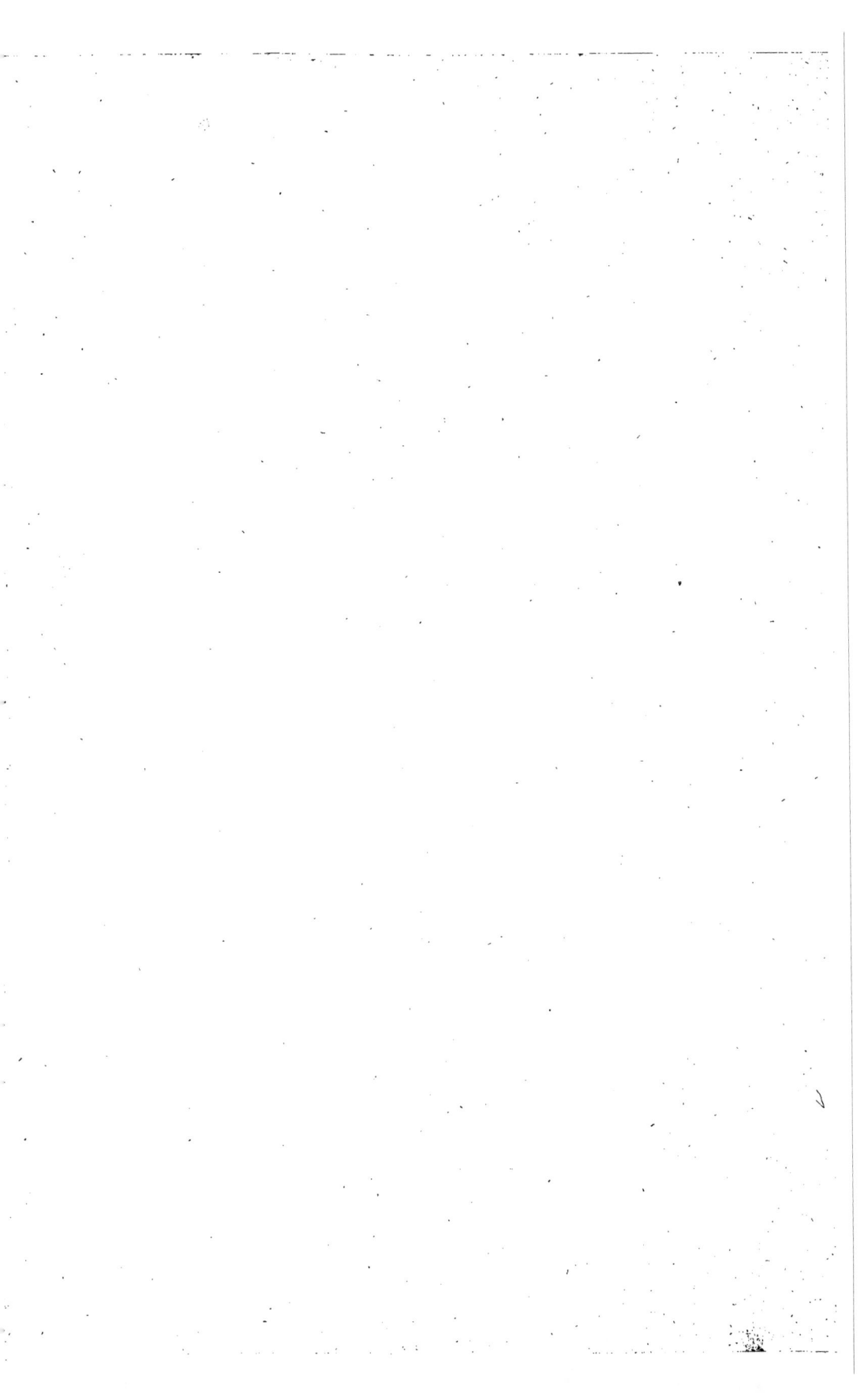

www.ingramcontent.com/pod-product-compliance
Lightning Source LLC
Chambersburg PA
CBHW071010280326
41934CB00009B/2249